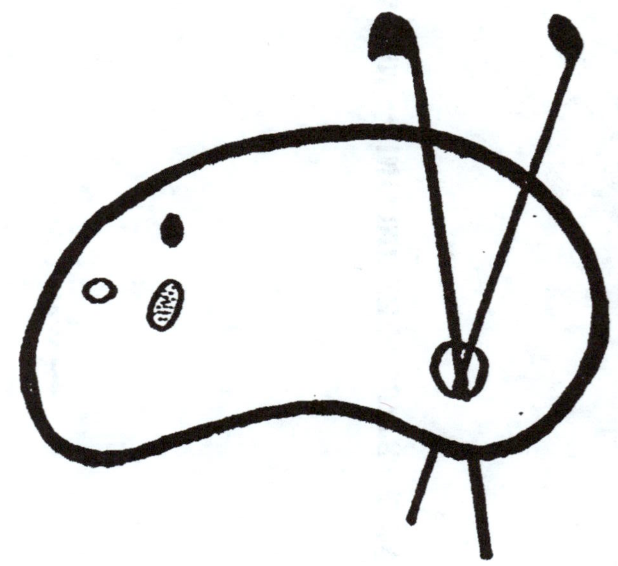

QUELQUES MOTS

SUR LA

CHARITÉ DANS LA HAUTE-ALSACE

AVANT LA RÉVOLUTION.

Par C. H***

(*Extrait de la Revue catholique d'Alsace.*)

RIXHEIM — IMPRIMERIE F. SUTTER & Cⁱᵉ.

1893

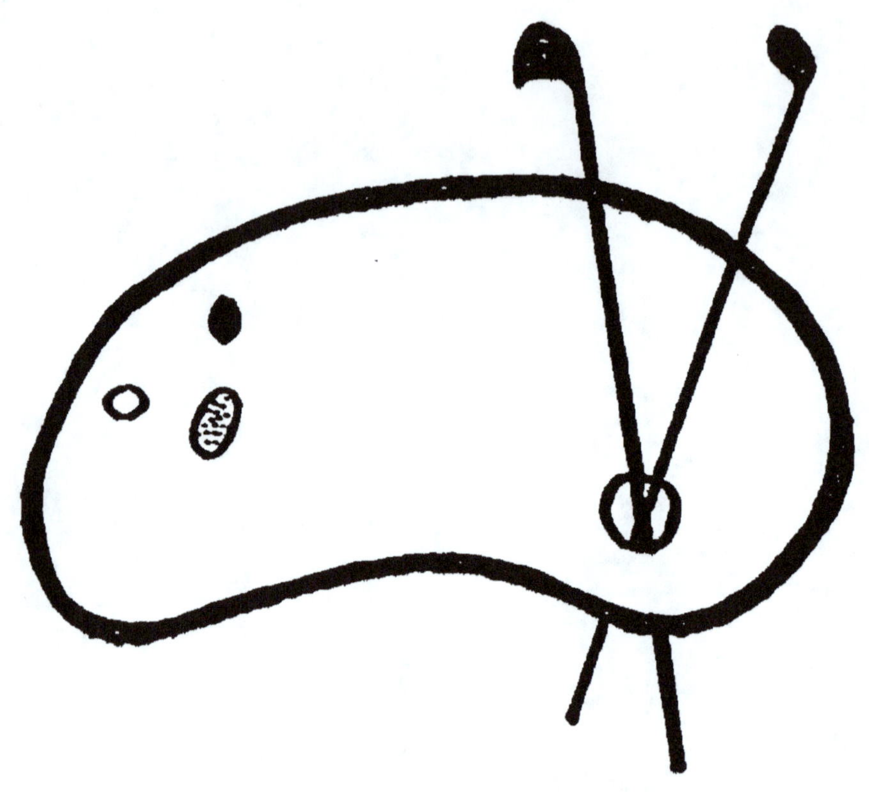

FIN D'UNE SERIE DE DOCUMENTS
EN COULEUR

QUELQUES MOTS

SUR LA

CHARITÉ DANS LA HAUTE-ALSACE

AVANT LA RÉVOLUTION.

Par C. H***

(Extrait de la *Revue catholique d'Alsace*.)

RIXHEIM — IMPRIMERIE F. SUTTER & C⁰.

1893

QUELQUES MOTS

SUR LA

CHARITÉ DANS LA HAUTE-ALSACE

AVANT LA RÉVOLUTION.

La véritable charité est discrète et n'aime pas à se montrer. Son but est de soulager la misère et l'infortune ; elle ne se soucie nullement d'occuper la renommée. Et lors même qu'on la surprend, elle a des délicatesses qui échappent toujours aux regards. C'est assez dire que notre travail sera forcément très-sec et très-incomplet.

I.

Le Clergé, en général, parait avoir très bien compris que son patrimoine était le bien des pauvres. [1] En 1788, les dépu-

---

[1] Les biens du Clergé étaient encore les biens des pauvres à un autre point de vue. Le plus grand nombre des membres du Clergé ne sortait pas de familles opulentes, il s'en faut. Des parents pauvres trouvaient un grand soulagement à confier un fils ou une fille à quelque maison religieuse. Ainsi la Noblesse cherchait à augmenter la dotation des chapitres nobles, afin de pouvoir augmenter le nombre des admissions ; ainsi la suppression des Antonites et de l'abbaye de Marbach provoqua de violentes réclamations parmi le Tiers-État qui se voyait privé, au profit de la Noblesse, d'une ressource très appréciable pour les familles nombreuses et sans fortune de son ordre. C'est à ce point de vue que se plaça le Conseil général du Haut-Rhin, dans un mémoire à l'Assemblée nationale du 5 décembre 1790 : „Les biens du Clergé d'Alsace, dit-il, passent au pouvoir de la

1

tés du Clergé à l'assemblée complète du district de Colmar, en renonçant officiellement aux privilèges pécuniaires de leur ordre, se réservèrent le droit de recourir au Contrôleur général pour obtenir un abonnement : Le Clergé croit avoir de justes raisons, disaient-ils, pour demander une cote plus faible que celle des autres ordres, parce qu'il est de notoriété que ses fonds de terre sont, par la force des choses, moins bien entretenus et cultivés que ceux du Tiers-État, ensuite parce que l'on exige des couvents et des curés une « hospitalité » à laquelle le Tiers n'est pas obligé, et enfin parce que « les pauvres croient, avec raison, avoir plus de droit aux revenus ecclésiastiques qu'à ceux d'aucun autre ordre. »

Le Clergé séculier trouvait dans l'exercice du saint ministère l'occasion fréquente de faire la charité. Ce fut une des raisons que les bénéficiers à charge d'âmes firent valoir devant la Chambre ecclésiastique pour être mieux traités dans la répartition qui eut lieu vers 1780. « Le casuel, disaient-ils, ne sert que de supplément aux soulagements de cette multitude de pauvres familles dont fourmillent les campagnes et qui par le manque d'hôpitaux, en cas de la moindre maladie, deviennent une charge réelle à leurs pasteurs, obligés par état de leur porter secours. » Plus loin, ils remarquaient que « les curés supportent le plus grand fardeau du ministère sacré et qu'à ce titre il est juste qu'on y ait des égards ; que sur les curés, principalement ceux de la campagne où il y a le plus de pauvres qui ne peuvent point trouver d'asile dans les hôpitaux, pèse le poids de l'hospitalité, et en même temps d'une dépense indispensable que leur occasionnent les passants de presque tout état et condition. » La Chambre ecclésiastique

Nation exempts de toute dette. Ces domaines sont d'une tout antre importance que les biens ecclésiastiques des autres provinces du royaume. Un évêché, un grand chapitre, les plus riches de France, douze églises collégiales, dix abbayes d'hommes, trois abbayes nobles de femmes, cinq abbayes roturières et huit couvents du même sexe, sans les autres communautés de moines rentées, environ mille cures, dotées en grande partie au triple et au quadruple du traitement constitutionnel des curés, offrent à l'État, dans l'étendue de cinquante lieues sur huit de largeur moyenne, une masse énorme de fonds qui ne donneront que la peine de les recueillir et ne laisseront après eux aucune charge. Les habitants de l'ancienne Alsace trouvaient dans ces établissements une ressource honnête pour le soulagement de familles nombreuses et peu fortunées. Ne serait-ce pas dur pour eux, en perdant les moyens de placer leurs enfants, de voir ajouter à cette perte réelle, un surcroît d'impôt pour subvenir au payement d'une dette qui est absolument étrangère aux biens dont ils font le sacrifice à la nation ?... »

reconnut la justesse de ces raisons et décida en 1782 que le casuel serait désormais exempt de toute imposition.

Mais le casuel ne servait « que de supplément aux soulagements » des pauvres ; et il y eut des curés qui consacrèrent à ces « soulagements » non seulement leurs revenus, mais jusqu'à leur patrimoine tout entier.

L'abbé Etienne Bourquenez, né en Franche-Comté, prit possession le 17 mars 1750 de la cure de Chaux-lès-Belfort, qui comprenait alors le Puix et Auxelle-Haut ; il y mourut le 10 août 1780. « Hospitalier sans faste et sans luxe, simple sans affectation, retiré sans rudesse ni singularité, il ne se produisait que par nécessité, et jamais on ne vit homme qui cherchât moins à paraître et qui fît plus de bien... Ses père et mère avaient laissé en biens-fonds 150,000 livres à trois enfants ; et il réunit sur sa tête cette fortune par la mort d'un frère et d'une sœur qui ne s'étaient point mariés. N'ayant que des parents éloignés et commodes, il sacrifia et le revenu et le capital en bonnes œuvres sans éclat. Il faisait apprendre des métiers à des orphelins ; il dotait de pauvres filles ; il réparait chez un laboureur malheureux la perte du bétail ou la non-valeur des terres ; il payait les mois d'école des enfants nécessiteux ; il distribuait des livres de piété dans sa paroisse ; il donnait chaque mois à ses vicaires une somme pour être distribuée par eux, selon qu'ils le jugeraient utile ; il faisait faire des missions à ses frais ; par ses soins les sacristies, les vases sacrés, les ornements d'église étaient entretenus, non seulement avec propreté, mais encore avec une décence majestueuse. Sa vue devenant faible et ses forces diminuant de jour en jour, il vendait à bas prix et en détail les livres qui lui devenait moins utiles pour en donner le produit aux pauvres. [1] Après tant de bonnes œuvres soutenues constamment, il lui restait peu à donner à sa mort, et il le donna à sa paroisse. Par son testament du 29 juillet 1779, il lègue à la fabrique de son église la somme de 4000 livres pour quelques messes et bénédictions annuelles, et la rétribution, aussi annuelle, de 163 l. 13 s., dont 30 l. au maître d'école, 8 l. 13 s. au receveur de la fabrique, 25 l. à la maîtresse d'école du Puix et 100 l. à M. le vicaire en chef de ce dernier lieu. Enfin, après plusieurs

[1] Il possédait une magnifique bibliothèque.

legs particuliers, il institue les pauvres du village de Chaux ses héritiers universels. » [1])

D'autres prêtres, non contents de sacrifier leur patrimoine, sollicitaient encore le secours d'autrui pour satisfaire leur zèle; car la charité d'un curé ne se borne pas à prendre soin des malades, des passants et des pauvres; elle s'étend tant aux besoins moraux qu'aux besoins matériels de ses paroissiens. Voici ce que fit l'abbé Pierron, curé de Réchésy, plus tard curé de Belfort. [2]) « Ce pasteur, sans être d'aucune société d'agriculture, ne cessa pendant tout ce temps (les six années qu'il passa à Réchésy) d'encourager ce premier art par ses leçons et *ses bienfaits*. Il s'attacha spécialement à y répandre de bons livres, non seulement sur la morale religieuse, mais encore sur la tenue du bétail, les épizooties, le choix des céréales et des légumes, l'amélioration des terres, la greffe, la taille et la culture des arbres fruitiers, l'aménagement des petites portions de bois aux particuliers; et il eut la satisfaction de réussir dans la plupart de ces objets, comme dans le renouvellement de sa paroisse à la pratique des exercices du christianisme. Il fit encore assainir l'atmosphère par le dessèchement de quelques terres marécageuses et l'écoulement plus libre des eaux stagnantes. Nommé curé de Belfort, il continua non seulement l'exécution des mêmes vues de bienfaisance et d'utilité publique qui l'avaient guidé à Réchésy, mais encore il entreprit la grande œuvre de maintenir l'innocence des campagnes au voisinage du danger de la corruption. » [3]) Il réussit, « après vingt ans de contradictions », à doter le Valdoye d'une

[1]) Essai sur l'hist. litt. de Belfort et du voisinage, 1808, p. 109.

[2]) Né à Belfort vers 1725 et mort en cette ville le 11 décembre 1780 en odeur de sainteté. V. Hist. de la vie de Fr. Pierron, chanoine-curé de Belfort. 1826.

[3]) Journal de la société des sciences, agriculture et arts de Strasbourg, 1824, oct. art. du professeur Fodéré. — „Il faut savoir que la paroisse de Belfort, avant la Révolution, était composée non seulement de cette ville de guerre frontière, mais encore d'un château qui avait sa garnison particulière avec un état-major, de quatre faubourgs populeux placés au delà des glacis, et de quatre villages dont le plus proche était à une demi-lieue de la forteresse, les deux autres, le Valdoye et Offemont, à une lieue, le Salbert bien au delà. Ces différents faubourgs et communes n'avaient d'autre lieu de rassemblement religieux que l'église paroissiale transférée de mémoire d'homme du penchant du château sur la place d'armes. Ces bons campagnards, garçons et filles, hommes et femmes, pour y parvenir, n'avaient qu'une seule avenue, la porte de France, garnie en tout temps d'un corps de garde nombreux et environnée de pavillons d'officiers, où la continence n'était pas à l'ordre du jour."

église. » [1]) Un particulier du lieu (M. Juster, père de deux prêtres), donna le terrain nécessaire pour une nouvelle église et le cimetière. Le pasteur charitable fut aidé dans cette entreprise par M. l'abbé de Clermont-Tonnerre, alors vicaire-général de Besançon, aujourd'hui (1824) cardinal-archevêque de Toulouse, pair de France; par M. Poujol, doyen du Conseil souverain, et par Mme l'abbesse de Massevaux. M. Pierron termina cette bonne œuvre en léguant son patrimoine pour doter convenablement la nouvelle succursale et il choisit sa sépulture dans le cimetière du lieu. » [2])

Nous avons raconté ailleurs ce que fit M. Pierron pour l'instruction et l'éducation des filles de sa paroisse. La Congrégation qu'il institua avait autant pour but de les arracher à la misère, à la mendicité et au vice quand elles étaient pauvres. « Il suffit pour s'en convaincre de se rappeler les travaux d'une seule de ses religieuses, sœur Marie-Anne, connue dans le monde sous le nom de veuve Moser, née Huberland. Ancienne vivandière et aubergiste, après avoir conservé dans la licence des camps une âme angélique, elle se consacra, après la mort de son mari, à ce nouvel institut et y porta tout son vaste mobilier. Ecoutons là-dessus un écrivain qui a été témoin de son zèle et qui a rendu après sa mort le juste témoignage dû à ses vertus: A peine a-t-elle embrassé l'institut des Religieuses de l'instruction chrétienne, qu'elle en possède l'esprit dans toute sa splénitude. Elle n'attend pas que les enfants viennent se présenter elles-mêmes ou par leurs parents; elles les prévient, les invite, les presse et les retient par ses bienfaits. Je la vois, cette femme respectable, vive image d'une providence bienfaisante, je la vois environnée d'une foule de petites mendiantes couvertes de haillons, de crasse et d'ulcères, les embrasser tendrement, leur fournir des habits, des aliments, des secours en tout genre; je la vois les recevoir avec bonté, les instruire avec douceur, les corriger sans fiel, supporter leur grossièreté. mais surtout les toucher par ses grands exemples; je vois en même temps cette jeunesse

---

[1]) „Il en éprouva (des contradictions) de la part de son chapitre, de la duchesse de Mazarin, comtesse de Belfort, et de plusieurs personnes de distinction comme décimateurs. Il eut même à combattre l'indifférence d'une ou de deux de ses communes rurales..." (Ibid.)

[2]) Vie de M. Pierron.

nombreuse sortir d'entre ses bras, pleine de modestie, de rete-
nue, de crainte de Dieu et remplie de connaissances utiles
pour le corps et l'âme, le cœur et l'esprit. Femme vertueuse,
puissent les mères que vous avez instruites faire pour leurs
propres enfants ce que vous fîtes pour elles ! [1] — Les compagnes
de la sœur Marie-Anne rivalisèrent avec elle de peines et de
travaux pou la bonne éducation des jeunes filles. » [2] Elles
étaient sou nues, dirigées par le zèle de leur pasteur et fon-
dateur qui se proposait lui-même d'imiter d'une manière toute
particulière saint François de Sales et saint Vincent-de-Paul
(résolution de retraite de 1772. N. I.). Aussi sa charité s'étendait à tout. « Les écoles publiques étaient tenues, surveillées
et alimentées en sujets pauvres par les libéralités du pasteur.
Les pauvres malades, qui par leur quantité ne trouvaient pas
de place à l'hôpital civil (dit de Ste. Barbe), recevaient de
l'association des dames de la charité [3]), dirigée par le pasteur,
bouillons, remèdes, lits, aliments : les pauvres honteux n'étaient
pas oubliés, et quelquefois, sans avoir rien demandé, ils se
voyaient prévenus par les libéralités d'un homme qui avait
les yeux continuellement ouverts sur les besoins de ses nombreux paroissiens. Il y avait dans sa paroisse plusieurs officiers retirés avec de modiques pensions et de grosses familles;
il les invitait souvent à sa table, leur donnait un repas honnête, assaisonné d'une gaîté chrétienne et de réflexions religieuses. Il s'intéressait surtout à placer leurs enfants. Il trouvait en même temps des ressources, tantôt pour doter des
religieuses, tantôt pour marier des filles pauvres, mais ver-
tueuses. Sa charité s'étendait même à des filles perdues; lorsqu'il les savait malades, il leur faisait passer secrètement des
secours par des mains prudentes qui les accompagnaient de
remontrances touchantes et analogues à leur situation. Ses
ennemis surtout avait sur son cœur un droit privilégié. Il suffisait de lui avoir fait quelqu'injure ou causé quelque chagrin
pour avoir part à ses bienfaits. Quelles ressources avait donc

---

[1] Essai sur l'hist. littér. de Belfort, p. 77. Elle mourut à Belfort le 6 janv.
an VIII, âgée de 70 ans environ.

[2] Vie de M. Pierron, p. 13.

[3] Sans doute fondée et organisée sur le modèle des associations qu'avait
créées saint Vincent-de-Paul. — Pour les malades hors de l'hospice, „s'ils étaient
dans la nécessité, il trouvait encore le moyen de pourvoir à leurs plus pressants
besoins, même dans la convalescence" (p. 25).

cet homme rare pour faire face à tant de dépenses? Son patrimoine n'était pas considérable; son bénéfice était modique, pris égard à ce qu'il n'était pas logé et qu'il avait à sa charge encore deux vicaires. Sa principale ressource était dans ses privations: il s'abstenait habituellement de vin; il ne faisait qu'un seul repas fort léger vers le milieu du jour; une tasse de lait lui suffisait le soir, et le matin un verre d'eau avec un petit morceau de pain. [1]) Ses meubles étaient simples et dans le strict nécessaire; il couchait sur la terre; son chevet était une buche brute. Il n'avait jamais que deux soutanes ou deux vêtements à la fois, ne faisait point de feu dans sa chambre, hormis le temps de maladie grave; et dans les temps les plus rigoureux, lorsqu'il se trouvait transi de froid, il passait dans son bûcher, sciait et fendait du bois pour le distribuer aux pauvres.

« Cela ne l'empêchait pas d'être honorable, d'exercer l'hospitalité envers ses confrères et autres personnes honnêtes et de leur donner avec décence les repas que l'usage et la bienséance imposaient à sa place. Mais en tout cela on remarquait toujours le disciple de cœur et d'affection d'un Dieu pauvre et ami de l'humanité. A l'issue d'un repas de cérémonie qu'il avait été obligé de donner, on s'aperçut que ses couverts d'argent étaient volés. Ce n'est rien, dit-il; point de recherches là dessus; il n'y aura pas de rechute: on ne trouvera jamais plus rien à dérober chez moi en ce genre: à l'avenir couvert d'acier! Et il tint parole.

« Par son testament, il fit encore des legs considérables pour sa fortune, à l'association des dames de la charité et à l'hospice. [2]) Ses charités enfin étaient si abondantes qu'à sa mort, arrivée le 11 décembre 1780, ses ennemis l'accusèrent d'avoir laissé des dettes insolvables. La chose fut même portée en justice, mais la cause ne fut point appelée, parce qu'on craignit la confusion.

« On essaya même par la suite, pour démontrer que la

---

[1]) Il disait à sa sœur, chargée de son ménage : „Les repas seront à des heures fixes et sans luxe. Nous sommes les économes des pauvres; il faut se souvenir d'eux." (p. 18.)

[2]) Une somme de 300 l. aux dames de la charité, pour être distribuée aux pauvres: 300 l. aux Sœurs de la Présentation et enfin pareille somme à l'hôpital Sainte-Barbe (id. p. 63). Il institua sa sœur légataire universelle et lui substitua, à sa mort, la cure du Valdoye.

bienfaisance n'avait pas besoin du secours de la religion, d'affecter avec éclat de faire des aumônes et autres bonnes œuvres. Mais ces essais, qui ne durèrent qu'un instant, servirent d'autant plus à faire voir que le caractère comme la charité du pieux pasteur était inimitable. » [1]

L'auteur, après avoir raconté la mort de M. Pierron, ajoute : « Au reste, quelqu'éminente qu'ait été la vertu de M. Pierron, elle n'était *ni sans modèle, ni sans imitateur dans la province d'Alsace.* » Il cite quelques noms propres, « les *principaux* », dit-il. Nous les passons sous silence, sauf Frédéric-Casimir de Rathsamhausen dont il sera question un peu plus loin, parce que nous connaissons trop peu de détails sur la vie de ceux qui vécurent en Haute-Alsace. [2]

L'hospitalité fut une plaie pour plusieurs maisons religieuses de cette époque. Dans certaines abbayes et dans les chapitres nobles, les passants étaient ordinairement, non les premiers venus, mais des personnes de distinction que l'on fêtait, que l'on choyait des semaines entières avec leur suite. Nous dirons ailleurs combien l'abbé Léger de Rathsamhausen s'en plaignait; on sait ce que ces hôtes avaient fait de l'abbaye d'Ottmarsheim; et la principale raison qui détermina l'abbesse de Massevaux à réformer son chapitre fut précisément le désir

[1] Journal de la société des sciences, agricult. et arts de Strasbourg. 1824, — Histoire de la vie de M. François-Félix Pierron, chanoine-curé de Belfort, 1826.

[2] L'auteur cite : J.-Joseph Emonin, chanoine et ancien prévôt de Belfort; l'archevêque de Besançon, Antoine de Grammont, pendant longtemps colonel-propriétaire d'un régiment à Belfort; F. Juster, curé d'Essert, Sermonet, ancien jésuite, professeur de théologie au collège de Colmar; Darosoy, son collègue, dont nous avons donné la biographie ailleurs; Bonjour; de Chabiel-Morière; J.-J. Desconvrières; J. Herrgott, abbé de Marbach, etc. Disons un mot de l'abbé Claude-Edmond Gérard, curé de Suarce depuis 1768. Né à Domartin-lès-Remiremont, ordonné prêtre à Toul, il quitta ce diocèse et vint à Suarce, appelé par l'abbesse de Massevaux, dont l'abbaye avait le droit de patronage sur cette paroisse. „Le bon exemple, des instructions claires, solides et méthodiques, le souci des malades et des vieillards, de la jeunesse et des pauvres, la constance dans la foi et la patience dans les adversités caractérisèrent son administration." (Essai sur l'hist. littér. de Belfort, etc. p. 120). Il redevint curé de Suarce après le Concordat, fonda par testament une école de filles et fit plusieurs legs en faveur des pauvres de sa paroisse; il mourut le 20 avril 1808, à l'âge de 72 ans : il appartient donc en partie à notre siècle.—Sur l'abbé J. Herrgott, voir: Le dernier abbé de Marbach. — „En 1791, M. le baron de Klinglin, vicaire général à Colmar, fils de l'ancien premier Présid-nt du Conseil souverain d'Alsace, fit habiller à ses frais tous les orphelins (de l'hôpital de Colmar) uniformément en bleu, acte de charité dans lequel on trouve l'origine du costume qu'ils portent encore." (Notice rétrosp. et recueil de souvenirs sur Colmar.)

de faire cesser les nombreux abus dont ces visites continuelles
étaient l'occasion. On considérait sans doute cette hospitalité
comme une obligation qu'imposaient à ces maisons les bien-
séances et les usages d'alors; mais en tout cas, elle était
contraire à l'esprit comme à la lettre de leur règle, contre
laquelle rien ne doit prévaloir. L'hospitalité, telle que les religieux sont tenus de l'exercer, est un devoir de charité [1]) qui
n'a rien de commun avec ces folies; et si nous les mentionnons, c'est pour les condamner avec l'abbé de Murbach, l'évêque de Bâle et l'abbesse de Massevaux. Elles n'étaient toutefois qu'une petite exception, car le grand nombre des maisons
religieuses de Haute-Alsace n'auraient même jamais pu trouver les ressources matérielles pour se permettre de telles pro-
digalités. Cependant, quelques condamnables qu'elles furent,
il faut remarquer qu'elles diminuaient sans doute, mais n'ab-
sorbait jamais la part toujours réservée aux pauvres dans le
budget de ces maisons. Ainsi l'abbaye d'Ottmarsheim, où l'on
perdait son temps si gaiement, distribua aux pauvres, malgré
ses dettes, 624 livres en nature, d'après les comptes de 1787.

L'abbaye de Massevaux était de tout temps très charitable,
même avant d'être reformée; le Conseil général du département du Haut-Rhin le témoigne lui-même, en nous révélant
une partie de ses charités dans la délibération suivante que
nous citons intégralement:

« 2 déc. 1790. — M. Mueg, en sa dite qualité [2]), ayant fait
rapport au Conseil général d'une lettre adressée par M. Rossé,
procureur-syndic du district de Belfort, touchant les aumônes
que la ci-devant abbaye de Massevaux *était dans l'usage
immémorial* de distribuer, partie en grain, partie en pain [3]), le

---

[1]) „Supprimez l'abbaye de Lucelle, disaient les religieux dans leur mémoire,
et vous priverez les citoyens, vous priverez les étrangers, les voyageurs et les
passants de l'avantage d'y être reçus à bras ouverts, d'y être nourris, couchés et
soignés. L'ennemi le plus déclaré de notre maison serait obligé de nous rendre
justice à l'égard de l'hospitalité que nous exerçons indistinctement vis-à-vis de
tous ceux qui veulent nous honorer de leur visite et cela sans aucun intérêt, dans
la seule vue d'exercer les devoirs de la religion et de l'humanité." (Rev. cath.,
1862, p. 164.)

[2]) Procureur général syndic.

[3]) Voici cette lettre: „La vallée de Massevaux est une des localités de nos
environs où la misère se fait le plus sentir; elle ne récolte aucun grain, et les
personnes même d'une fortune médiocre ne trouvèrent ci-devant à s'approvisionner
que dans les greniers du chapitre, et les pauvres ne trouvaient de ressources que
dans cette maison. Cette abbaye était dans l'usage de distribuer hebdomadaire-

tout se montant annuellement, suivant les vérifications faites
des charges du ci-devant chapitre, à une quantité de 138 réz.
de seigle et à 207 réz. (de ?), ce qui fait par semaine 6 sacs
de mélange de ces deux espèces d'épautre, mesure de Massevaux ; qu'à ce sujet ledit sieur Procureur-syndic observe que
quelque forte que puisse paraître cette charité, elle n'excède
pas les besoins réels de cette vallée très étendue, dont le sol
ingrat produit très peu de grain et n'offre par sa position que
très peu de ressources à ses nombreux habitants ; qu'il paraît
indispensable d'aller au secours de cette portion nécessiteuse
de nos frères, et de ne pas leur retirer, surtout pendant l'hiver, une légère assistance que la commisération leur avait
assuré. Requérait mon dit sieur le Procureur général syndic.
qu'il fut pris un parti sur un point aussi intéressant aux yeux
de l'humanité. La matière mise en délibération, il a été arrêté
que par provision il serait accordé aux pauvres de la vallée
de Massevaux une quantité de 3 réz. de grain mélangé par
un quart d'épautre égrugé ou froment, un quart de seigle et
deux quarts d'orge, lesquels seront convertis en pain et distribués par la municipalité de Massevaux, comme cela se prati-
quait ci-devant par le chapitre : ce qui sera continué ainsi
jusqu'à ce qu'il en soit autrement ordonné. Arrête en outre
que le directoire du district de Belfort sera invité de fournir
sans délai, au Conseil général ou au directoire du département, son projet sur les moyens de faire cesser ces aumônes
gratuites aux dépens du produit des domaines nationaux. »
Certes, personne ne blâmera le Conseil général de sa décision,
quelque parcimonieux qu'il se soit montré. Mais comme il
réclame d'urgence au directoire du district de Belfort, « son
projet sur les moyens de faire cesser ces aumônes gratuites »
qu'il faisait du bien d'autrui, on peut croire que sa générosité ne fut pas de longue durée ; et bientôt, sans doute, les
pauvres de la vallée se virent spoliés d'un secours provisoire

ment une quantité fixe de pain et de grain à un jour nommé. Elle ne peut d'elle-
même continuer cette distribution ; elle m'en a demandé la permission pour éviter
aux nécessiteux le blâme de recourir aux voies extrêmes pour satisfaire les premiers besoins. Quoique les circonstances locales m'aient paru déterminantes, je
n'ai pas cru pouvoir la leur accorder ; j'ai promis d'en rendre compte au département, et je vous prie, Monsieur, de vouloir bien mettre cette pétition sous ses
yeux et d'avoir la complaisance de me faire part de sa délibération, afin que je
puisse faire remplir ses intentions. J'ai l'honneur, etc..... » Ce sont donc les cha-
noinesses qui ont pris l'initiative.

accordé à regret, mais que les propriétaires légitimes, quelque reproche qu'on puisse leur adresser d'autre part, ne leur avaient du moins jamais marchandé.

Outre ces aumônes qui étaient en quelque sorte de tradition et d'autres dont nous ne voulons pas parler, [1] l'abbaye savait encore se montrer généreuse quand il s'agissait de faire une bonne œuvre, ou de secourir quelqu'infortune particulière, et le cas était assez fréquent. [2] En 1790, le 1er mars, quelque temps avant sa suppression, elle fit encore distribuer à Suarce, dont les habitants étaient dans une profonde misère, 18 rez. d'épautre en paille, sur la demande du curé de ce village.

Toute maison religieuse d'ailleurs, comme l'abbaye de Massevaux, avait son budget des pauvres.

L'abbaye de Lucelle donnait tous les ans de 8 à 10,000 liv. d'aumônes et consacrait 12,000 liv. environ à la nourriture et au salaire de domestiques, ouvriers et journaliers dont elle était la seule ressource : « Supprimez l'abbaye de Lucelle, disaient les religieux dans leur mémoire à l'Assemblée nationale (1790), vous ôterez le pain à plusieurs cents pauvres invalides qui vivent tous les jours des aumônes que cette maison bienfaisante leur distribue en abondance. Supprimez l'abbaye de Lucelle avec ses prieurés, vous priverez dix artisans, quatre-vingt domestiques et, selon les saisons, cent journaliers des moyens de leur subsistance; car il faut observer que notre abbaye est située dans la partie la plus pauvre de la province. Aussi les pauvres journaliers de nos contrées n'ont d'autres ressources que notre maison. » [3]

L'abbaye de Pairis, quoique dans une situation très embarassée, savait toujours faire la part des pauvres. En 1790, lorsque les commissaires du département demandèrent aux religieux combien ils possédaient d'argent comptant, l'abbé

[1] Les statuts mettaient à la disposition de l'abbesse pour les pauvres 2,000 liv. par an, auxquelles le Chapitre ajouta, en 1778, le canon d'un pré valant 400 liv. Les comptes de 1789 portent en dépense une somme de 3,000 liv. pour les pauvres.
[2] Voir les exemples cités dans la Revue cathol., 1891. Xavière de Ferrette, par l'abbé Lintzer. — Nous venons de parler de la construction de l'église du Valdoye à laquelle l'abbaye contribua d'une manière particulière.
[3] Revue cathol. d'Alsace, 1862, p. 161.

leur répondit : « que les dépenses successives et nécessaires qu'elle (l'abbaye) a faites depuis 30 ans, la mettent hors de la possibilité d'en avoir. Il est de notoriété publique que dans ledit espace de temps elle a payé 52,000 liv. de dettes, bâti le chœur de Widensohlen, l'hôtel de Colmar, réparé considérablement la maison de Boux, bâti deux grandes fermes hors des fondements, construit un corps de logis considérable pour les domestiques, bâti en neuf les écuries, une hollandaise, finalement supporté tout récemment les frais d'une élection d'un nouveau chef ; qu'en outre, elle remarque qu'en l'année 1789 elle n'a pas fait de vendange et qu'elle n'a pas presque rien retiré de ses canons de l'année précédente, ce qui fait le plus clair de ses revenus. » (Rapport des commissaires, 20 déc. 1790.) Malgré ces dépenses, l'abbaye faisait *habituellement* des aumônes considérables eu égard à ses charges : ce sont les comptables nommés par l'administration qui nous l'apprennent. Voici comment s'exprime le compte de 1789—90 : « Plus, fait dépense de 1200 liv. en argent, du prix de 60 réz. de seigle, évalués à 10 liv. 10 s. le réz., 35 réz. d'orge à 9 liv. l'un, et 12 mesures de vin à 7 liv. la mesure ; ce tout pour aumônes distribuées au détai! ux pauvres de Pairis, du val d'Orbey, Widensohlen, Boux, Colmar et lieux circonvoisins pendant les années 1789 et 1790, *ainsi qu'il était toujours d'usage*, le tout suivant les notes que les comptables ont tenues : total 2,238 liv. — De plus, 12 réz. froment à 16 liv. l'un, aux Capucins de Colmar et du Weinbach, aux Augustins de Colmar et de Ribeauvillé, Récolets de Kaysersberg, Cordeliers de Sainte-Marie, savoir 9 réz. pour 1789 et 3 réz. aux Augustins de Colmar et de Ribeauvillé et aux Récolets de Kaysersberg pour 1790, *le tout pour aumônes, ainsi qu'il est d'usage* : total 192 livres. »

L'abbaye de Marbach, qui certes n'était pas riche, tant s'en faut, distribua en aumônes, selon ses comptes, du 11 septembre 1789 au 1ᵉʳ janvier 1791, 1922 liv. 4 s. en numéraire et 390 liv. en nature. Nous ne mentionnons que par mémoire d'autres aumônes extraordinaires, comme celle de 50 cordes de bois façonné, données aux malheureux durant l'hiver 1788—89, outre d'autres aumônes en nature et en argent faites à la même occasion ; celle des planches de sapin destinées aux « communes voisines qui les demandaient de *tout temps* pour faire des cercueils à leurs défunts » et celle de 80 pièces de bois de marnage, données à des incendiés de Hattstatt au commencement de 1790, etc. [1])

Le couvent des Dominicaines de la Porte-aux-Anges à Guebwiller, selon l'état de ses revenus et charges dressé en 1790, donnait *ordinairement* par an « en aumônes, plus de 250 réz. de grain, surtout en ces temps désastreux, et outre 30 à 40 mesures de petit vin ».

L'abbaye de Murbach n'oubliait pas non plus les nécessiteux. Après la rupture du lac du Ballon, en 1740, sur la proposition de l'abbé Léger de Rathsamhausen, la communauté se priva d'un plat à son principal repas de chaque jour et du « cibum honorarium » que l'on servait aux fêtes de première et de seconde classe, afin de pouvoir secourir plus efficacement les malheureux qui affluaient de toute part : « cum undique confluentium maximus sit numerus,... ut exinde pauperes Christi (cum alias bona nostra non sunt nisi patrimonia pauperum) aliquatenus juvari possint. » En le faisant, les religieux entendaient bien s'acquitter d'une obligation : « decens sibi, quinimo vix non obligatorium, » disait l'abbé. Aussi Léger de Rathsamhausen ordonna-t-il en outre au receveur de l'abbaye de vendre les grains qu'il détenait en magasin au-dessous du prix courant « aliquo turonensibus vilius »; il abandonna aux victimes du fléau 50 cordes de bois que les eaux avaient entraînées; il donna à la veuve du meunier qui trouva la mort en voulant porter secours à d'autres, tout le bois nécessaire pour reconstruire son moulin; et comme la misère allait toujours croissante, une partie des religieux se retirèrent provisoirement à Lure, afin de laisser à leur abbé le moyen de faire de plus abondantes charités.

Après la sécularisation, Casimir de Rathsamhausen consacra tous ses revenus « à la gloire de Dieu et au soulagement des pauvres : pro gloria Dei et in solatium pauperum » dit son biographe.

« Quand il lui arrivait des hôtes, il les recevait noblement ainsi qu'il convenait à sa dignité [2]); mais le superflu des mets

---

[1]) Voir : Le dernier abbé de Marbach.

[2]) „Pour épargner ce qu'il regardait comme leur patrimoine (des *pauvres*), quand il était seul, écrit M. de Ronveroy, il se refusait non seulement l'agréable, mais l'utile, mais même le nécessaire. Alors, m'écrit à moi-même quelqu'un qui a mérité de partager sa confiance, alors il se contentait du bouilli et d'un plat de légume; et un jour qu'on y joignait un pâté, il le fit porter sur le champ et sans.

servis à sa table était chaque jour destiné par lui et apporté par ses domestiques aux pauvres et aux malades, à des vieillards, à des veuves et à des orphelins, auxquels en outre il donnait et distribuait de l'argent et procurait des vêtements. Pour les empêcher de périr ou de mourir par le froid rigoureux de l'hiver, il faisait décharger devant leurs maisons, devant leurs portes, des voitures bien garnies de bois de chauffage. Qu'y a-t-il qu'il aurait dû faire et qu'il n'a point fait pour les nécessiteux et surtout pour les pauvres honteux? Il payait en leur nom, non pas une fois, mais très-souvent, les impositions royales, leur faisait remise de leurs dettes, s'occupait de l'éducation de leurs enfants, les envoyant à l'école, les appliquant aux études, leur faisant apprendre une profession honnête, un chacun selon ses aptitudes et ses capacités. Si l'on en croit la renommée, le prince de Murbach jouit d'un revenu annuel d'environ 30,000 liv., lequel revenu, étant bien ecclésiastique, doit être regardé, au sentiment des Pères, comme le gage et le patrimoine des pauvres. C'est pourquoi Casimir, qui occupait un certain rang dans l'Eglise, n'eut pas la témérité de dilapider une si grande somme d'argent ou de ne l'employer qu'à des usages profanes; il la dépensa au contraire pour la gloire de Dieu et le soulagement des pauvres; et il en fut pieusement prodigue, non seulement dans le lieu de sa résidence et dans les lieux d'alentour, mais encore dans les endroits les plus reculés et les pays les plus éloignés. Entre autres et avant tout, j'en prends à témoin ce grand nombre de prêtres indigents auxquels ce père des pauvres ouvrit sa main, en quelque sorte son sein, avec d'autant plus de libéralité et de bonne grâce qu'eux-mêmes secouraient des biens ecclésiastiques les fidèles abandonnés, c'est-à-dire les fidèles dispersés ça et là et habitant les montagnes d'un difficile accès. Enfin il brûlait d'une si grande charité pour les pauvres et les misérables, que comprenant leur misère et pour la soulager, il n'hésita pas à vendre ses chevaux et sa voiture. Ajoutez à cela cette quantité d'églises de campagne, dans les montagnes ou les vallées, qu'il bâtit depuis les fon-

l'avoir entamé, aux pauvres de l'hôpital." (Vie de C. de Rath. par l'abbé Darosoy. R. d'Al., 1889, p. 414.) „Parum est, nihil est si dicam aut jactem, in cibo frugalem, in potu sobrium fuisse illum, tota cujus vita perpetua fere abstinentia et mortificatio fuit." (Vita Cas. de Rath. par Ettlin, p 31.)

dements, qu'il fit réparer lorsqu'elles étaient en partie ruinées, ou qu'il décora tout entières, le tout de ses deniers: elles sont si nombreuses que si nous voulions nous taire, les pierres elles-mêmes élèveraient la voix. » [1])

Il est inutile d'insister. La coutume qu'avaient les chapitres et tous les couvents sans exception, même ceux des ordres mendiants, [2]) de donner sans parcimonie l'aumône aux nécessiteux, était de notoriété publique. Le Bureau intermédiaire de Colmar le témoigne indirectement en ne voulant voir qu'une prime à l'oisiveté, dans les nombreuses charités que ces maisons faisaient à leurs portes, sans doute pour justifier ou défendre les décrets spoliateurs de l'Assemblée nationale:

[1]) Propter adventum hospitum splendide quidem vivebat, habita ratione dignitatis suæ; sed quod fuit in mensa de appositis dapibus superfluum, hoc omne erat quotidie a principe destinatum et a domesticis allatum pauperibus et ægrotis, ac senibus et viduis, atque pupillis: quibus insuper dispersit dedit pecunias, procuravit vestes; ipsisque, ne forte perirint, vel congelarent in asperima hieme, onustissima lignis combustibilibus plaustra ad domum et januam advexit. Quid est quod ultra debuit facere mendicantibus et non fecit, ac præsertim mendicare erubescentibus, quibus non semel, sed sæpius, sua solvit tributa regi pendenda, extantia debita remisit, filios educavit, illos mittendo in scholam, applicando studiis aut honestis opificiis, pro cujuslibet capta et ingenio. Si rumori credendum, percipit quotannis princeps Murbacensis trigenta circiter millia librarum turonensium quo, cum sint bona ecclesiastica, censentur ex mente S. S. Patrum, pignora et patrimonia pauperum. Quocirca Casimirus, tanquem ecclesiæ prælatus, hanc ingentem pecuniæ vim non temere dilapidavit, aut in usus dundaxat profanos convertit; sed potissimum pro gloria Dei et in solatium pauperum impendit; eamque non solum in loco residentiæ et in tota quæ patet vicinia, verum etiam in remotissimis locis et regionibus longinquis pro prodigalitate distribuit. — Inter alios et præcæteris, testes mihi erant tot egeni sacerdotes, quibus hic pater pauperum manum suam, et quasi sinum suum eo libentius ac liberalius aperuit quod ipsimet identidem sacra subsidia ministrarent fidelibus derelictis: fidelibus inquam, hinc inde dispersis, atque asperos montes inhabitant:bus. Tanta profecto charitate flagrabat erga pauperes ac miseros, ut perspecta illorum miséria, ad eamdem sublevandam, et equos et rhedam vendere non dubitaverit. Huc adde tot ecclesias rurales, in montibus et vallibus sitas, quas ex ære proprio, vel a fundamentis erexit, sel ex parte collapsas restauravit, vel ex integro condecoravit, de quibus, si linguæ tacuerint, lapides clamabunt.....

[2]) Voici en quels termes le père Luc, ex-provincial des Récolets de la province d'Alsace, parle de la charité que faisait l'ordre de St. Francois dans notre province: „Il serait inutile de faire mention de l'usage que font ces religieux de l'excédant des charités que parfois leur ménage la Providence, pour être à même de secourir l'indigent et le pauvre honteux. Il est de notoriété publique que jamais il y a été refusé et que toujours on l'assiste dans la proportion de l'aisance précaire de leurs maisons. Ajoutez à cela les marques d'humanité et de sensibilité que l'homme malheureux y rencontre. Combien de fois ne leur est-il pas arrivé de le secourir dans des cas où il semblait que tout était désespéré, dans des circonstances fâcheuses dont souvent dépendait l'honneur des familles et le bonheur du lien conjugal." (Mémoire à la Commission intermédiaire, 1789.)

« Les charités, dit-il dans son mémoire de 1790, que les maisons religieuses distribuent à leurs portes, ne sont point une nourriture convenable pour des pauvres invalides ou infirmes qui ne peuvent travailler; elles ne sont la ressource que des mendiants valides qui s'en contentent plutôt que de travailler. » Le Conseil général du département rend au contraire involontairement hommage à la charité, disons à la libéralité des couvents et des chapitres, en constatant, dans l'arrêté du 28 novembre 1790, que la disparition de ces maisons allait être la cause d'une « misère *excessive* ». Il considéra en effet comme « l'un des objets les plus intéressants » dont il avait à s'occuper, les mesures à prendre pour « subvenir à la *misère excessive* qui se fera sentir pendant quelque temps, par la suppression d'une grande partie des aumônes qui se distribuaient par les maisons religieuses et chapitres ». D'autre part, les défenseurs du Clergé faisaient de ses aumônes un argument contre la spoliation de ses biens. « De quoi, se demande l'un d'eux, vivront tous les pauvres, auxquels le clergé faisait distribuer de la soupe, du pain, des viandes, des grains et de l'argent, toutes ces familles honteuses qui recevaient des secours secrets? » [1] En 1791, la commune de Ribeauvillé réclama la conservation du couvent des Augustins pour la même raison: « Quoique pauvres, sans fondations et sans rentes [2]), jamais ils ne nous furent à charge. On s'empressait à contribuer à leur sustentation, et pour retour, par une vie frugale, ils partageaient de tout temps, et même actuellement encore malgré la certitude de leur suppression, les charités avec d'innombrables pauvres, qu'ils ne cessent de nourrir tous les jours. » Et plus loin: « Depuis un temps immémorial, les Augustins ont nourris nos pauvres, soigné nos malades, consolé et soulagé les affligés. »

Les couvents ne faisaient pas seulement la charité aux nécessiteux, aux indigents proprement dits, mais ils étendaient leurs bienfaits à toutes les petites gens qui étaient avec eux en relation suivie d'intérêt. Nous avons vu ailleurs avec quelle facilité ils consentaient des remises dans les années calamiteuses à leurs fermiers, quand même les baux les en exemptaient expressément; nous avons vu également comment les terres, grâce aux conditions avantageuses auxquelles elles étaient

---

[1] *Le citoyen contemplateur*, p. 24.
[2] C'était un ordre mendiant.

louées, passaient habituellement de père en fils, au point que d'excellents jurisconsultes, des tribunaux, et la Cour de cassation elle-même, s'y sont mépris et ont cru à l'existence d'un bail particulier à la province d'Alsace, bail qu'ils ont appelé bail héréditaire d'Alsace. Leurs anciens serviteurs, bien qu'ils eussent touché régulièrement le salaire qui leur était dû, n'étaient jamais abandonnés. A Lucelle, par exemple, lorsque l'âge ou les infirmités ne leur permettaient plus le travail, l'abbaye les logeait, les nourrissait, les soignait jusqu'à la fin de leurs jours à ses frais : au moment de la suppression, ils étaient au nombre de sept, y compris l'ancien chirurgien du couvent. En 1783 l'abbaye de Massevaux, qui avait gravement à se plaindre du sonneur Boxler, le congédia ; mais à cause de son grand âge on lui servit, la vie durant, sa compétence habituelle en grains, argent, bois et vin, et on lui conserva le logement et la jouissance d'un champ et d'un jardin. Lorsque le chapitre fut réformé, on fit des pensions viagères aux domestiques infirmes, incapables de gagner leur vie, et l'on ajouta une somme de cent livres, une fois payée, à la pension de deux servantes dont les gages avaient toujours été très-modiques. Pour récompenser Marc Beltz de ses bons services pendant trente ans, les religieuses de Schœnensteinbach lui assurèrent le logement, l'entretien, plus 50 livres, deux chemises neuves et les souliers par an, à condition qu'il continuerait son travail autant que le lui permettrait sa santé ; J. Schmidlin, infirme, âgé de 70 ans, maître-valet depuis 30 ans, obtint le logement, l'entretien et 48 livres par an à titre de pension viagère (1789). Les ouvriers et domestiques de Murbach, s'ils voulaient s'établir, pouvaient se bâtir une maison à Murbach même, et lorsqu'ils le jugeaient à propos, continuer leurs services quoique mariés. Mais qu'ils le fissent ou non, ils étaient toujours considérés et traités comme domestiques du seigneur, et à ce titre, ils ne payaient ni droits seigneuriaux, ni impositions royales. L'abbaye leur donnait une certaine étendue de terres à défricher moyennant une rente foncière très-modique, leur accordait gratuitement une certaine quantité de bois de chauffage et de marnage en cas de besoin, et les autorisait à faire pâturer leur bétail dans ses forêts sans

¹) Le citoyen contemplateur, p. 24.
²) C'était un ordre mendiant.

rétribution. Elle ne leur demandait en échange que quelques légères corvées, tels que faucher, faner, entretenir le chemin, etc., et encore à ceux-là seulement qui jouissaient de ces avantages tout en ayant cessé leur service. En 1778 il y avait vingt familles dans ce cas. Nous venons de voir à l'instant que Lucelle était également la providence, pour ainsi dire, des journaliers ou manouvriers, si nombreux dans cette partie de l'Alsace.

Cette quantité de petites gens (sans parler des pauvres), auxquels les maisons religieuses fournissaient du travail et du pain à des conditions très-avantageuses, furent particulièrement éprouvés par la suppression des couvents et la spoliation des biens du Clergé. « On ne veut pas remarquer, s'écriait l'auteur des Instructions pour le chapitre de..... (1789), on ne veut pas remarquer que la plupart des revenus ecclésiastiques se consomment sur les lieux; que telle maison religieuse enrichit un canton qui serait plongé dans la misère si ses revenus étaient transportés ailleurs; que les fermiers des corps ecclésiastiques sont traités avec douceur et modération; qu'ils regardent leurs fermes comme un patrimoine, certains de n'être point dépossédés pour peu qu'ils mettent d'exactitude à leurs livraisons; que ne pouvant point acquérir, ces corps employent de gros capitaux à l'amélioration de la culture et pour n'en tirer qu'un chétif intérêt; que leurs fonds, au lieu de demeurer oisifs, sont dans une circulation continuelle et répandus dans la classe la plus indigente du peuple. » Le procureur de la commune de Guebwiller fit la même observation en particulier pour le chapitre de Murbach et les couvents de Guebwiller, dont la suppression avait été fatale à tout le pays d'alentour. « Ne nous dissimulons non plus, Messieurs, disait-il dans son requisitoire du 16 mars 1791, que la perte que nous faisons du chapitre et des maisons religieuses qui avaient donné naissance à notre ville et qui par leur consommation en ont été jusqu'ici l'unique soutien, la réduit à l'état le plus piteux. Nos maisons n'ont plus la moitié de leur valeur; nos nombreux artisans sont sans travail, sans moyen même de donner de l'essor à leur industrie, et notre ban, privé de terres labourables, n'offre aucune ressource à l'agriculture. » Il était tout naturel que ceux dont les intérêts se trouvaient si gravement compromis, cherchassent avec le plus d'ardeur à conjurer le danger qui les menaçait. « On s'occupe en ce moment d'une protestation générale contre les décrets relatifs à la vente des biens ecclésiastiques, disait Reubell à la séance du 11 mai 1790, à l'Assemblée nationale. Les signatures recueillies dans les campagnes sont déjà au nombre de 15,000 dans la Basse Alsace et de 6,000 dans la Haute. Par qui ces signatures sont-elles données? Par les parties intéressées, les fermiers... Il faut observer qu'on trouve parmi les signatures un très-grand nombre de protestants et de luthériens. » [1]

Jamais laïque, placé identiquement dans les mêmes conditions, supportant les mêmes charges, n'aurait pu ou voulu consacrer au soulagement des pauvres, employer en œuvres de bienfaisance des sommes aussi considérables que ces prêtres et ces religieux, quoiqu'on veuille bien leur reprocher d'autre part. Et l'État, lorsqu'il eut spolié l'Église, n'eut guère souci de continuer les traditions charitables des propriétaires légitimes qu'il supplantait; car l'administration se préoccupa avant tout, comme s'exprimait le Conseil général du Haut-Rhin à propos de Massevaux, « de faire cesser ces aumônes gratuites aux dépens du produit des domaines nationaux. » On verra plus loin par quel moyen.

II.

On s'imagine assez volontiers que la noblesse, tout entière à ses plaisirs, n'avait guère, à cette époque, le temps de s'occuper des malheureux. On se tromperait cependant. Le régime féodal n'a jamais été supportable que sous le gouvernement paternel d'un seigneur véritablement bienfaisant. Tel était le gouvernement de l'Évêque de Munster en Westphalie, dans son petit état, encore en 1809: personne ne songeait même à se plaindre, quelque exorbitants que nous semblent aujourd'hui les droits que ce seigneur exerçait sur ses sujets [2]). On ne peut pas nier qu'au moment de la Révolution il y eut encore en Alsace de ces seigneurs charitables, malgré les « duretés » et les vexations contre lesquelles nous nous sommes élevé ailleurs. Car si le secours, l'aide, la protection efficace du seigneur n'avait plus guère été qu'un souvenir historique, c'eut été une dérision de les faire valoir si haut, et

[1] Moniteur universel, 1790, p. 535.
[2] Voyez Taine : L'ancien Régime, ch. III, p. 36.

jamais on n'aurait pu les présenter comme un argument en faveur du régime féodal. « Y a-t-on bien réfléchi; s'écrie M. de Turckheim, en détruisant tout lien entre le seigneur et ses vassaux ? N'est-ce pas ôter à ceux-là un appui puissant, une source intarissable de bienfaits et de soins utiles, en isolant d'eux les premiers ? Eh ! lorsqu'un hiver rigoureux, une disette, d'autres fléaux plus communs et plus terribles à la campagne qu'en ville, pesaient sur l'honnête laboureur dans la chaumière duquel les bienfaits de la cité ne pénétraient qu'avec peine, combien de fois la charité d'un seigneur riche, auquel *la petite gloriole, l'intérêt même de secourir ses vassaux qu'il regardait comme ses commensaux et la source de son revenu*, a inspiré les sollicitudes les plus actives et les plus touchantes, n'est-elle pas venu rendre la vie aux campagnes désolées ? Combien de fois le cultivateur opprimé ne recourut-il pas efficacement et gratuitement au conseil, à la protection de son seigneur pour plaider sa cause auprès d'un Intendant ou de quelqu'autre homme puissant ?... » [1] L'auteur des Considérations fait également ressortir « l'attachement, la tendresse paternelle » des juges seigneuriaux pour les justiciables. « Avec le droit de juridiction seigneurial, dit-il, nous avons toujours, tant dans l'ordre de la justice que dans celui de l'administration, un soutien particulier et qui nous est propre. Avec la juridiction seigneuriale, nous conservons les cœurs des seigneurs, et avec ceux-ci, les secours immédiats en argent, grains, denrées, dont nous jouissons *tous les jours.* » [2] Et ailleurs : « Qui est-ce qui indemnisera le peuple des ressources *inestimables et continuelles* en argent, denrées, crédit, etc. qu'il a trouvées jusqu'à présent chez des seigneurs qui ne seraient plus rien pour lui et qui seraient remplacés par de nouveaux acquéreurs sans affection et sans ménagements ? » [3] Citons quelques exemples :

Durant l'hiver 1788—89, la noblesse fit son devoir, si l'on en croit Mme d'Oberkirch : « La fin de décembre surtout fut affreuse ; aussi la misère a été grande. Les pauvres manquèrent de bois et de feu. La noblesse en Alsace répandit de grandes aumônes ; on fit tout le bien possible. » [4] En cas d'or-

<hr>

[1] Mémoires de droit public, 1789, p. 43.
[2] Considérations, p. 144. — Voyez aussi p. 67, 158, etc.
[3] Questions d'Etat, p. 103.
[4] Mémoires, II, p. 389.

vaux, de sinistres ou d'autres fléaux, le seigneur, même les seigneurs de la province s'il s'agissait d'une grande infortune, venaient toujours au secours des malheureux; et souvent ces secours étaient considérables! Voici un fait pris au hasard: le bailli de Delle, Taiclet, accorda en une fois 14 chênes des forêts seigneuriales à un incendié de Dampierre et lui procura le voiturage par corvée, grâce à la bienveillance du subdélégué Noblat qui s'intéressait en sa faveur.

La seigneurie de Ribeaupierre donnait habituellement de nombreuses aumônes en argent et en nature, aux Augustins de Ribeauvillé et de Colmar, aux Recollets de Sainte-Marie, aux Capucins du Weinbach et de Colmar, aux Franciscains de Kaysersberg, etc. Les anciens serviteurs seigneuriaux recevaient toujours une pension lorsqu'ils se retiraient du service, pension que l'on continuait souvent à leur famille après leur mort; les secours accordés en cas d'incendie, de grêle, d'épizooties, d'épidémie, etc., ou seulement en cas de maladie ou de simple infirmité, sont extrêmement nombreux; on s'occupait non-seulement des malheureux, mais encore de l'avenir ou du sort de leurs enfants; on payait l'écolage ou les fournitures classiques aux uns, on plaçait les autres en apprentissage, etc. Et cette charité n'avait pas seulement pour objet les sujets du prince! Non. Ainsi, en 1760, pour n'en citer qu'un exemple, la Chambre donna 40 liv. pour compléter les 200 liv. que le prieur des Augustins avait réunies, afin de renvoyer à sa famille qui habitait La Rochelle, la femme et les enfants d'un receveur des vingtièmes, que celui-ci avait abandonnés. S'il fallait sortir des généralités et citer des faits, on remplirait aisément des pages entières [1]. Et l'on ne peut pas considérer la seigneurie de Ribeaupierre comme faisant une exception.

Comme le remarque M. de Turckheim, souvent «la gloriole» ou « l'intérêt » étaient le mobile de ces charités seigneuriales. Aujourd'hui, il n'est plus guère possible de découvrir les ressorts secrets qui ont déterminé tel ou tel acte de bienfaisance en particulier. Il y a toutefois des exceptions. Le 13 août 1776 la moitié du village de Reiningen fut détruite par un incendie. Le curé, Poujol, et l'un des préposés de la commu-

---

[1] Le total de ces aumônes et de ces charités n'était pas placé dans les comptes sous une rubrique particulière; on ne peut donc savoir à quel chiffre elles s'élevaient.

nauté, Théobald, sollicitèrent au nom de leurs concitoyens la charité publique : soixante pères de familles avaient tout perdu, mobilier et agrès de labour ; cent trois personnes étaient absolument sans abri ni ressource ; plus de 250 pièces de bétail n'avaient plus de subsistance ; 90 bâtiments devaient être reconstruits, et l'on manquait de grains pour ensemencer environ 250 arpents de terres labourables. Un appel fut adressé à tous les seigneurs comme à toutes les communautés de la province. L'agent du duc de Wurtemberg à Colmar, le sieur Sandherr, ne fut pas oublié. Comme il ne pouvait disposer de quoi que ce soit sans l'assentiment préalable de la régence de Montbéliard, il lui envoya la requête qu'il avait reçue, et l'appuya en ajoutant que les habitants, pour bonne moitié, étaient « réduits à la plus affreuse mendicité ». Dans l'espoir d'obtenir immédiatement un secours raisonnable, il avertit la régence que « tous les seigneurs, villes et communautés de cette province se signalent, les uns après les autres, à secourir ces malheureux », la priant de voir elle-même si cet exemple n'obligeait pas, et de fixer ce qu'il conviendrait de faire au nom du prince. La régence, qui ne paraît guère s'être préoccupée des affaires d'Alsace que lorsqu'il s'agissait d'encaisser les revenus de son maître, prit le temps de la réflexion. Elle garda le silence du 8 septembre au 4 octobre ; et enfin, à cette dernière date, pria son agent à Colmar de lui marquer s'il voulait un secours en argent ou un secours en nature. Le curé Poujol était-il parent du conseiller Poujol ? Nous l'ignorons. Quoiqu'il en soit, ce dernier avait pris fortement à cœur les intérêts des incendiés. Par trois fois, il fit visite inutilement au sieur Sandherr pour s'informer de la décision de la seigneurie. Le 2 octobre, dans une soirée chez le Premier Président à laquelle assistait le sieur Sandherr, on remit au conseiller la somme de 50 louis d'or, dont 300 liv. de la part du Landgrave de Hesse-Darmstadt, 300 liv. des officiers de la régence de Bouxwiller et 600 liv. des baillages de ce prince. A cette occasion il interpella publiquement le sieur Sandherr sur les intentions de son seigneur. Celui-ci balbutia quelqu'excuse et fut d'autant plus mortifié qu'il avait fait lui-même toutes les dilligences possibles. Aussi le lendemain 3, certainement avant d'avoir reçu la réponse de Montbéliard dont nous venons de parler, écrivit-il à la régence une lettre assez vive, dans laquelle il raconta l'humiliation qu'il avait subie : donnez vos ordres, ajoutait-il; dix louis d'or ne seraient pas de trop; cette « charité paraît être si bien employée... » Murbach a fait don de plus de mille écus, « Mulhouse de même [1]), etc. » La régence ne fut guère sensible à des sollicitations aussi pressantes; elle ne ressentit pas l'affront qu'avait subi son représentant; il fallut un argument plus puissant pour la faire sortir de sa léthargie. Elle nous fait connaître elle-même cet argument dans le rapport qu'elle se décida enfin à présenter au duc le 6 mai 1777. Le sieur Sandherr, dit-elle, a sollicité « à réitérées fois » la bienfaisance de votre Altesse; il écrit encore que tous les seigneurs et toutes les communautés se montrent généreux, et qu'on ne peut se refuser à suivre cet exemple « sans faire tort aux hauts intérêts de votre Altesse sérénissime, parce que différentes personnes de considération s'intéressent pour eux (les incendiés), et *en particulier M. Poujol, conseiller au conseil souverain et commissaire dans un procès actuellement pendant avec la communauté d'Ostheim*, au sujet du pâturage qu'elle prétend dans la forêt seigneuriale dudit lieu »; si votre Altesse sérénissime daigne y consentir, nous pensons qu'il suffira de cinq louis. Le prince y consentit en effet sans peine, et le 23 mai 1777, après neuf mois d'hésitation, un ordre de la régence autorisa le receveur général à délivrer la somme de 120 liv. N'est-il pas vraisemblable que si le conseiller Poujol n'avait pas été rapporteur dans le procès qui intéressait la seigneurie, la régence n'eut pas daigné délier les cordons de la bourse ?

On croira peut-être que la régence de Montbéliard ne s'était fait forcer la main en quelque sorte, que parce qu'il ne s'agissait pas de secourir des sujets de son maître. Erreur! car elle semble n'avoir eu guère plus d'entrailles pour eux. Qu'on en juge! Au commencement de mars 1784, l'Ill rompit ses digues entre Sundhofen et Horbourg, sur une largeur de 528 pieds. L'inondation fut générale et causa « de grands malheurs »: c'était « une calamité publique », selon les lettres de Sandherr. Horbourg, pour ne parler que de ce village, avait été plusieurs fois envahi par les eaux, malgré les travaux de secours qui furent exécutés sous la direction de l'administration des ponts et chaussées. Le sieur Sandherr dut livrer des forêts seigneuriales, sur les réquisitions de l'inspecteur général

---

[1]) Mulhouse donna 3442 livres (Histoire de Mulhouse, par M. Mieg, p. 324).

de la Haute-Alsace, Chassan, à trois reprises différentes, quantité de fascines et de nombreux piquets de chênes [1]) qui avaient une valeur de 801 liv. comme bois, et dont le façonnage coûta 359 liv. La façon fut payée par la province. Quant au prix du bois, pour ne pas en frustrer le prince, la régence imagina de le répartir sur les communautés du comté, sauf à remettre leur cote à celles qui avaient le plus souffert. Dès que le sieur Sandherr eut connaissance de ce projet, il se récria. Dans des lettres nombreuses et pressantes, il représenta à la régence que le duc était quasi engagé d'honneur à faire don aux communautés du prix de ces bois, autrement « ce serait révolter toute la province et ses chefs »; de tout côté, dit-il, on a fait des quêtes pour secourir ces malheureux; on a recueilli de « très fortes sommes; tout le monde a donné dans le courant de cette année et d'une manière éclatante et distingée l'exemple de la charité et de la bienfaisance »; et vous voulez les imposer ? Les communautés sont toutes trop pauvres et trop éprouvées pour être chargées de cette contribution; leur en faire don « est de toute nécessité », si l'on ne veut pas être accablé « d'insultes amères », etc. Devant d'aussi vives représentations, la régence céda néanmoins; elle sollicita et obtint du prince la remise totale le 18 août 1784. [2])

[1]) La première réquisition seule était de 840 fascines et de 2294 piquets.

[2]) L'inondation avait été telle que l'on redoutait une épidémie. Une brochure sur les moyens de diminuer l'insalubrité des habitations paraît avoir été distribuée par les soins du gouvernement : Avis sur les moyens de diminuer l'insalubrité des habitations qui ont été exposées aux inondations, par Cadet de Vaux, inspecteur général des objets de salubrité, etc., imprimé par ordre du gouvernement, Paris, 1784. Dans le comté de Horbourg le sieur Sandherr, plus accessible à la pitié que la régence, procura gratuitement aux malades les soins du médecin-physicien du comté, Metzger, et fit publier partout ses Conseils, dont voici une courte analyse : Les eaux ont pénétré les murs et les planchers; il y a grand péril à habiter les maisons inondées; on y serait exposé à la fièvre putride, aux enflures, endurcissements des glandes, ulcères purulents, etc. Il faut, pour éviter ces malheurs, laver les murs, les frotter et les râcler, puis les blanchir avec un lait de chaux vive; découvrir les planchers, frotter les planches avec brosses et torchons, les laver avec de l'eau fraîche et les faire sécher au soleil; enlever le fond à 3 ou 4 pouces, et y mettre du sable ou gravier sec, ou mieux de la tuile pilée. Pour les chambres pavées en carreaux de pierres ou de briques, gratter et vider les joints, les remplir de sable sec et chaud qu'il faut répandre plusieurs jours de suite, même sur le pavé. Bien aérer et purifier les maisons deux fois par jour avec un feu clair et des vapeurs de vinaigre; enlever le fond des caves à un pied; éloigner des murs les lits et les armoires. Le matin, manger de l'ail et des oignons sur le pain, ou boire un verre d'absinthe; se servir pour boisson ordinaire d'une décoction de graines de genièvre avec miel et vinaigre, soit trois cuillerées de vinaigre et deux de miel par pot; se revêtir d'habits chauds et manger

Les motifs qui nous déterminent à être bienfaisants ne
s'affichent pas au grand jour. Mais lorsque l'intérêt personnel
nous inspire, il est rare, ou que la manière de donner, ou quelqu'autre circonstance, ne trahissent pas à notre insu nos véritables
intentions. Les hommes ne s'y trompent guère, ou du moins
ne s'y méprennent pas longtemps. Alors qu'arrive-t-il? Quand
il n'y a point de générosité et de désintéressement dans celui
qui donne, il n'y a pas non plus de reconnaissance dans celui
qui reçoit. Le conseiller Radius, de Ribeauvillé, se plaint amè-
rement, dans une lettre du 15 mai 1786, de l'ingratitude des
communautés de la seigneurie: « J'ajoute, dit-il, une réflexion
fondée sur le malheur d'une expérience de quarante ans. Les
communautés sont les ennemis-nés de leurs seigneurs d'Alsace.
Bien loin d'être jamais pénétrées pour eux de la moindre reconnaissance, elles ne pensent qu'à lui disputer tous ses droits
et à lui susciter journellement de nouveaux procès. L'ingratitude la plus caractérisée serait le prix de toutes les démarches
du sérénissime seigneur pour leur bien-être... »¹) Radius a tort
d'appeler l'hostilité des communautés contre leur seigneur de
l'ingratitude. Il nous donne, dans cette lettre même, les motifs
et la mesure de sa bienveillance ou de sa munificence envers
elles par ces mots: « Il est de l'intérêt de les nourrir; mais il
est dangereux de les engraisser! » Et de fait, durant les 43

principalement de la choucroute, des navets aigres, beaucoup de salade avec de
bon vinaigre; s'abstenir avec soin d'eau-de-vie et éviter les excès du vin. Quant
au bétail, lui faire prendre tous les matins du sel et de l'ail, renouveler souvent
la litière et aérer beaucoup les écuries. C'était donc principalement l'ail, la choucroute et le vinaigre qui devaient arrêter la contagion.

¹) Il était question de soumettre les bailliages d'au-delà de la Queisch aux
impositions ordinaires de la province: ce qui eut amené une surcharge telle, à
cause de l'énormité des droits seigneuriaux, que „leur ruine totale en serait une
suite infaillible". Pour empêcher cette ruine totale, dont elle aurait souffert la
première, la seigneurie faisait faire d'actives démarches à Versailles, avec d'autant plus d'espoir de succès, que „l'aménagement, dit Radius, mais non pas l'exécution de ces nouveaux sujets, doit avoir été lablalement promis". Il ajoutait que
si le seigneur obtenait des lettres patentes, il conviendrait „de faire ordonner la
liquidation de tous les objets" qu'elles contiendraient, par devant l'Intendant
„contradictoirement avec les communautés, avant la signature de Sa Majesté; l'on
éviterait tous les procès qui d'ordinaire en sont la suite". D'ordinaire, en effet,
ces lettres patentes contenaient des droits nouveaux à titre de dédommagement
des droits reconnus incompatibles avec la souveraineté de la couronne et supprimés. Jamais les communautés n'étaient consultées à ce sujet; et comme en général
les seigneurs bénéficiaient à ces changements qui étaient au détriment des sujets,
il ne restait à ceux-ci que de se porter opposants, et par conséquent de faire un
procès: c'est là l'ingratitude dont gémit Radius bien mal à propos.

années de son administration, il ne paraît s'être proposé, nous le dirons plus tard, que de laisser aux sujets de son maître bien juste de quoi se « nourrir », les empêchant avec soin de « s'engraisser », — ou bien, si l'on préfère, de les aménager, suivant une autre expression qu'il emploie certainement dans le même sens, quoique dans un autre ordre d'idée. Or s'il se gouvernait par ces principes, comment pouvait-il s'imaginer que les sujets étaient ses obligés et lui devaient de la reconnaissance, lors même qu'il se serait montré véritablement bienfaisant, charitable, nous l'admettons volontiers, en certaines circonstances particulières, quelque nombreuses qu'on les suppose. Combien d'autres seigneurs, sans professer ouvertement ces doctrines, peuvent être soupçonnés du moins de les avoir mises en pratique ?

On dira peut-être, et l'on aura raison, que cette ténacité, ces calculs intéressés, sont plutôt le fait des officiers seigneuriaux que des seigneurs eux-mêmes, lesquels, comme le prouvent précisément les exemples que nous venons de rapporter, estimaient au-dessous d'eux d'entrer dans ces considérations mesquines auxquelles s'arrêtaient leurs subordonnés. Cela est vrai. Mais il faut remarquer que les seigneurs étaient responsables de leurs officiers à tous les points de vue. Autrefois, comme le témoigne un témoin occulaire nous l'avons vu, la noblesse d'Alsace, quoique trop fière de son origine, était du moins d'un abord facile qui la rapprochait de ses sujets. Mais peu à peu cette antique simplicité disparut pour faire place aux grandes manières, comme s'exprime Mᵐᵉ d'Oberkirch. Dès lors il se creusa un abîme de plus en plus profond entre le seigneur et ses sujets. Le premier, tout entier à ses plaisirs, s'éloigna des seconds ; son orgueil, encore excité par les nouvelles théories historiques sur l'origine de la noblesse, ne trouva plus de contre-poids, et le luxe, « ce gouffre insatiable, le luxe detable, d'habit », dit l'auteur des Considérations (p. 71), multiplia « les besoins » et produisit « l'indispensable nécessité de prendre de toute main sur le peuple ». Alors on s'habitua de plus en plus à considérer ce peuple, soit comme un troupeau qu'il fallait à tout prix ne pas laisser s'engraisser, soit comme un bois qu'il fallait mettre en coupe réglée, ou savamment aménager, afin d'en tirer le plus de profit possible. Or si les seigneurs abandonnaient volontiers l'odieux de cette besogne à leurs officiers, tout en s'en réservant les bénéfices, on ne commet aucune injustice en faisant remonter jusqu'à eux la responsabilité des actions comme des doctrines de ceux-ci. Il n'est donc pas étonnant que leur bienfaisance réelle, véritable, dont on ne saurait nier l'existence, fut loin de leur concilier l'affection des sujets, lesquels n'y voyaient au fond et n'y sentaient, à tort ou à raison, que le calcul de l'intérêt.

III.

Le Tiers-Etat lui-même, quelque charges qu'il supportait, était toujours très-généreux. On a pu conclure des exemples que nous venons de citer un peu plus haut, que les communautés et les villes, comme la noblesse, secouraient toujours et abondamment les victimes de quelque calamité. Ce fut surtout durant l'hiver 1788-89 que se montra cet esprit de charité. Le magistrat de Colmar vota une somme de 600 liv. pour venir au secours des pauvres de la ville; et ils étaient nombreux, car il y avait impossibilité de travailler. Il ordonna de plus une quête extraordinaire à domicile qui produisit 2228 liv. 7, 6 [1]) Les 600 liv. furent distribuées entre ceux qui avaient été employés à rompre la glace du canal, travail qui était dû par corvée; et les 2228 liv. 7, 6 servirent au soulagement des pauvres des deux cultes au prorata de leur nombre respectif [2]). La ville de Mulhouse, toujours généreuse pour les malheureux [3]), secourut durant cet hiver extraordinaire la garnison et la ville de Huningue « poursuivie par les besoins de première nécessité ». A Mulhouse même, le magistrat fit cuire du pain dans les fourneaux de l'hôpital et le vendit au-dessous du prix courant aux pauvres, tant de la ville que des environs. Dans les villes et les campagnes, partout régnait le même esprit de charité: elle serait longue à dresser la liste de tous les secours en argent, en

[1]) Le régiment de Monsieur, en garnison à Colmar, fit un don particulier de 100 liv., spécialement destiné aux victimes d'un grand incendie qui eut lieu le 8 janvier; il avait donné 200 liv. à la quête.

[2]) La commission attribua 1485 liv. 11, 8 c. aux catholiques et 742 liv. 15, 10 c. aux luthériens.

[3]) Voyez Histoire de Mulhouse, de M. Mieg, p. 324-332, 336, etc. En juillet 1789, Mulhouse ouvrit ses portes aux victimes de l'émeute. Beaucoup de nobles des environs trouvèrent un refuge assuré dans ses murs; une quantité de juifs vinrent y chercher un abri. Argent, vêtements, nourriture, objets de première nécessité leur furent généreusement distribués; et les plus misérables, 40 à 50 environ, furent complètement défrayés à l'hôpital.

bois, en denrées, qui furent donnés aux nécessiteux durant ce rigoureux hiver par les préposés ou les magistrats!

A Colmar, les pauvres avaient souvent leur part même dans les réjouissances publiques. Le pain et le vin que l'on distribua gratuitement, par exemple en 1781 à l'occasion de la naissance du Dauphin, en 1749 lors de la publication de la paix, etc., étaient principalement pour les pauvres. En 1763, lors de la publication de la paix générale, on supprima dans le cérémonial suivi en 1749 toutes les réjouissances bruyantes et les dépenses de bouche non nécessaires, et l'on consacra une somme de 1400 liv. à payer l'arriéré des impositions de l'année dues par les bourgeois indigents, et 400 liv. pour celles des manants indigents. De même en 1785, lorsqu'on fêta la naissance du duc de Normandie, le bois destiné au bucher traditionnel et la somme qu'eurent coûté les illuminations et les feux d'artifice, furent distribués aux pauvres des deux cultes. Lors des fêtes du rétablissement du Conseil souverain en 1788, « l'hôtel-de-ville, dit M. de Hold, n'a pas été illuminé; mais le magistrat a destiné aux pauvres ce qu'il en aurait coûté pour cette illumination ».

Tous les exemples que nous venons de citer sont, il est vrai, des charités extraordinaires; mais indépendamment de ces secours exceptionnels, toute communauté, quelque petite qu'elle fut, faisait toujours la part des pauvres dans son budget annuel, part dont le juré dans le Sundgau, le prévôt dans le reste de la Haute-Alsace, le magistrat ou le chef du magistrat dans les villes, avaient le droit de disposer. Ainsi à Guebwiller, la caisse des revenus patrimoniaux secourait chaque année un certain nombre de malheureux, sur simple billet du bailli ou du prévôt. [1]) A Colmar, sans parler d'une somme d'argent, on distribuait chaque année aux pauvres près de 200 cordes de bois selon le syndic Chauffour: en 1784, le 31 janvier, lorsque le curé Réech sollicita la charité du magistrat en faveur de « la multitude des pauvres » sans ressources durant ce rude hiver, on lui répondit que les magasins de la

<hr>

[1]) .... Werden jährlich von Hrn. Ambtmann und Schultheizen, denen frömbten armen, geistlichen und weltlichen, durch feuer oder sonsten Verunglückten und bedürftigen leuthen, zettel ahn dem burgermeister ausgetheilt, denen derselbe ihre steuer aus den Statt Einkünften bezahlen thuet. (Histoire de Guebwiller, par Deck. p. 164.)

ville avaient déjà délivré plus de bois aux pauvres qu'à l'ordinaire, et on lui alloua une somme de 300 liv. [1])

Il y avait des confréries qui se proposaient spécialement la charité. Le prévôt de Guebwiller, Deck, attribue la diminution du chiffre des aumônes à Guebwiller à la disparition de la confrérie dite *Reitbruderschaft :* elle était administrée par un membre du magistrat, un bourgeois de la classe moyenne et un bourgeois de la classe pauvre ; les princes, les commandeurs et les religieux en étaient membres et lui faisaient des libéralités qu'elle distribuait à des pauvres jugés méritants [2]). Les marchands de Belfort avaient établi entre eux une confrérie sous l'invocation de sainte Barbe. Cette confrérie, créée dans un but essentiellement charitable, donnait des secours à des étudiants pauvres et avait fondé l'hôpital Sainte-Barbe à Belfort. [3]) Nous ne parlons pas des nombreuses corporations de la province, qui consacraient toujours une partie de leurs revenus au soulagement des pauvres ou des malheureux du métier.

Les particuliers étaient généreux, comme les communautés et les confréries. Ainsi l'on trouve quantité de fondations de messes ou d'anniversaires, avec distribution d'aumônes, dont les fabriques étaient chargées. [4]) Chaque famille, comme on le verra plus loin, prélevait la part des pauvres sur ses revenus hebdomadaires. En 1773, le Conseil souverain disait au Garde des sceaux, dans ses remontrances sur l'édit des Réguliers : « A l'égard des ordres mendiants, ils ont toujours trouvé et continueront à trouver dans la charité quelquefois trop étendue du peuple de cette province, et dans les rétributions pour les services qu'ils rendent dans l'Eglise, une subsistance abon-

[1]) Pareille somme fut donnée aux ministres pour les pauvres de leur culte.
[2]) Beschreibung der Stadt Gebweiler, p. 86.
[3]) Essai sur l'Histoire littéraire de Belfort, p. 12.
[4]) Voici, à titre d'exemple, quelques fondations avec distribution d'aumônes, que le prévôt Deck relève dans sa description de Guebwiller : Messe pour le repos de l'âme du prince-abbé Casimir de Rathsamhausen ou des pauvres de l'hôpital, avec 36 liv. d'aumônes ; fête des morts, distribution de 2 liv. 6, 8 aux écol'ers et 17 liv. aux pauvres ; anniversaires de Cath. Hägel avec 7 liv. 10, de M. Branck avec 12 liv., de M. Weinnemer avec 6 liv. (le Kirchenpfleger chargé de la distribution de ces aumônes avait 1 liv. 16, 8 pour ses peines) ; anniversaires de Vogelin avec 11 liv. 19, 8, du curé de Guebwiller Laquis avec 15 liv., de Cath. Biehler avec 6 liv. (la part du Kirchenpfleger était de 4 liv. 7, 6). Le greffier de Guebwiller, Schupfner, avait légué aux pauvres la vingt-septième partie des dîmes de Heimsprung qui lui appartenait ; le Kirchenpfleger devait acheter du grain avec le produit de ces dîmes, en faire faire du pain et le distribuer aux pauvres en décembre, au jour où se célébrait l'anniversaire du donateur, etc.

dante » (6 juin 1773). La charité de nos populations était si connue, qu'elle était sollicitée de toute part et à tout propos, même par des étrangers, au point que le Bureau intermédiaire de Colmar (1790) regardait ces quêtes continuelles comme une « imposition » véritable, car « la fraude, dit-il, profite de cette occasion pour nous mettre à contribution ».

Aussi le Conseil souverain avait cru devoir intervenir de bonne heure pour empêcher les abus. Un premier arrêt de règlement du 23 décembre 1740 interdit toute quête, à peine de saisie, aux religieux mendiants du Brisgau, interdiction qui fut étendue à tous les religieux étrangers au ressort, de quelque nationalité qu'ils fussent [1]). Comme cette défense, qui avait été dictée surtout par des motifs politiques, finit par ne plus guère être respectée, un second arrêt du 21 avril 1763 la renouvela. « Malgré les défenses portées par ledit arrêt (de 1740), dit le Procureur général dans son réquisitoire, le remontrant est informé que les religieux de Ratstadt et les religieux cordeliers de Sainte-Marie, partie Lorraine, se présentaient à chaque saison de l'année dans différentes villes et villages de la province pour faire des quêtes, ce qui est infiniment à charge au public, eu égard au nombre des religieux mendiants fixés dans l'étendue du ressort de notre dit Conseil, qui ne tirent leur subsistance que de la charité des sujets d'Alsace, et dont le nombre est assez considérable sans l'augmenter par celui des religieux étrangers. Qu'un autre abus également répréhensible s'introduit parmi les frères ermites qui sont répandus dans la province, lesquels, au lieu de se fixer dans l'étendue des paroisses dans lesquelles ils sont établis, pour se procurer leurs aliments, se répandent également dans les villes et villages pour y faire des quêtes : ce qui est pareillement onéreux au public et contraire au bon ordre ». [2]) En conséquence, le Conseil fit défense « à tout religieux étran-

---

[1]) Ord. d'Als. II, p. 325. — Voir deux autres arrêts : 18 août 1717 et 19 décembre 1781. Ibid. I, p. 506.

[2]) Ord. d'Als. II, p. 642 — Les frères ermites dont il est question ne formaient pas entre eux une congrégation religieuse ; ce paraît être de pieux laïques, auxquels on confiait la garde d'une église, chapelle, ou d'un pèlerinage isolé, sous l'autorité des curés ou bénéficiers. Ainsi un frère de ce genre gardait la Feldkirch de Wettolsheim jusqu'à sa démolition ; il y en avait un au Schauenberg, avant l'arrivée des Pères Récolets de Rouffach ; un autre à Ammerschwir, à Guebwiller, etc. Ils recevaient un traitement de la fabrique et la permission de quêter pour suppléer à son insuffisance.

ger et à tous autres qui ne seront pas établis dans le ressort de notre dit Conseil, d'y faire des quêtes, à peine de saisie d'icelles par les préposés des lieux, lesquelles, à l'adjonction des curés, seront employées en œuvres pies ; a fait et fait pareillement défense aux ermites établis dans la province de faire aucune quête hors de l'étendue des paroisses dans lesquels ils sont fixés, sous peine aussi de saisie du produit, applicable également à des œuvres pies. • Ces défenses regardaient tant les religieux que les laïques et tout autre particulier ; et le Conseil ne s'en départit que lorsque le besoin ou l'urgente nécessité lui était démontré. Ainsi il accorda la permission de quêter dans la province aux religieux du Mont-Cenis pendant deux mois, et aux religieux de l'ordre de la charité de Bourg-Neuf, près Toulon, pour trois mois, parce que les maisons de ces deux congrégations hospitalières avaient été détruites par un incendie[1]). Il permit également à la communauté d'Avolsheim, l'une des plus pauvres de la province, de solliciter la charité publique, pour l'aider à reconstruire son église fortement endommagée par le feu du ciel[2]), etc. Mais il se montrait très difficile à accueillir les requêtes qu'on lui adressait à ce sujet. A moins d'incendie d'une communauté entière ou de partie d'un village, à moins de grands malheurs occasionnés par la foudre ou d'autres fléaux, il n'accordait jamais la permission qui était sollicitée, de crainte, dit M. de Hold dans ses Notes d'arrêts, qu'on ne mit le feu à ses propriétés par spéculation, c'est-à-dire dans l'espoir de devenir plus riche qu'auparavant par le moyen facile de la quête[3]). En 1788, le Premier Président, de l'avis des Chambres, assura la Commission intermédiaire qu'à l'avenir le Conseil ne l'accorderait, même en cas de grand malheur, que sur son visa

---

[1]) Ord. d'Al. II, arrêt du 5 avril 1769, p. 838, et 6 mars 1767, p. 753.

[2]) Ord. d'Al. II, arrêt du 2 septembre 1767, p. 765.

[3]) Notes d'arrêts, 18 avril 1786. — Le 20 avril 1774 il refusa la permission de quêter à un maronite qui prétendait avoir perdu plus de 100,000 liv. de biens par le fait des Turcs, etc., „les étrangers ne devaient pas enlever les aumônes aux pauvres du pays, pensait le Conseil…, presque tous les quêteurs étant des fripons.“ En 1769 (20 nov.) il justifiait ainsi qu'il suit le refus de la permission de quêter demandée par des religieux de Lorraine et de Savoie : „Nos religieux ne sortant pas de la province pour quêter dans des cas de besoin ou de malheur, il n'était pas juste que des religieux étrangers d'un autre ressort et principalement d'une autre souveraineté, vinssent enlever une grande partie des aumônes de l'Alsace.“ (Journal du palais II, p. 296—254.) — Voir quantité d'exemples, „Petite Gazette d'Alsace“, 1861, page 158, que l'auteur a recueillis dans les ouvrages de M. de Holdt.

ou celui de l'Assemblée provinciale[1]). Ainsi, le 20 octobre 1788, un incendie détruisit une partie du village de Hochstett et occasionna un dommage évalué à 24,702 livres. La Commission refusa néanmoins la permission de faire une quête, parce que les indemnités accordées par l'Intendant, le bois de construction généreusement donné par les communautés voisines, et des secours en argent envoyés de tous côtés, particulièrement de Mulhouse, lui semblait couvrir suffisamment les pertes que l'on avait eu à déplorer.

Le Conseil souverain lui-même avait à sa disposition deux fonds, celui des menues nécessités et celui des aumônes, sur lesquels il faisait ordinairement la charité. Le fonds des menues nécessités ou des dépenses courantes était alimenté par une allocation de 1200 liv. d'abord, puis de 1500 liv, à laquelle s'ajouta pendant un certain temps « une surélévation du cinquième des épices »; il servait à payer l'aumônier de la chapelle, le concierge du palais, le chauffage des chambres, du parquet, les fournitures de bureau, etc. L'aumône était « une peine toute pécuniaire, infligée autrefois pour faits de débauche et de sacrilège, ou pour des délits légers qui ne comportaient pas d'amende : son produit était affecté à des œuvres pies[2] ».

En 1761, le Conseil accorda un secours de 1000 liv. sur les menues nécessités à des habitants de Colmar qui avaient été incendiés. Depuis ce temps, il paraît avoir été importuné par de fréquentes sollicitations qu'il prit le parti de rejeter, dans la crainte, dit M. de Hold en 1781, « que cela apauvrirait la masse de la compagnie destinée à d'autres dépenses qui peuvent survenir »[3]. S'il repoussait sévèrement les requêtes qui lui venaient de l'extérieur, le Conseil savait du moins toujours se montrer généreux pour les pauvres de Colmar. A l'occasion de la naissance du Dauphin, en cette même année 1781, il décida : « 2° qu'il serait pris de la masse du Conseil une somme de 2400 liv., qui sera employée à illuminer aussi bien que faire se pourra le palais, et pour faire une riche aumône aux pauvres honteux, en habits et provisions d'hiver, à la discrétion du curé et du père Héliodore. On avait proposé de faire couler

---

[1]) Journal du palais II, p. 608, 29 avril 1788.

[2]) Hist. du C. S. par Pillot et de Neyremand p. 215 et s. Ces deux fonds étaient de création assez récente.

[3]) Journal du palais, 3 sept. 1781, rejet la requête de Dessenheim aux fins d'une aumône, pour avoir été totalement grêlé en juin, p. 338 II.

des fontaines de vin devant le palais, mais tout le monde s'est réuni à préférer l'aumône » [1]).

Pendant le dur hiver de 1784, les pauvres ne furent pas oubliés. Voici ce que raconte M. de Hold : « 30 janvier 1784, Chambres assemblées... J'ai dit que le sieur curé avait été chez moi et m'avait fait le récit de l'état déplorable où se trouvaient réduits beaucoup de pauvres par la rigueur de la saison et de l'impuissance où il était de les secourir ; que dans un cas aussi extraordinaire je croyais devoir proposer à la compagnie de secourir les pauvres de la ville, et même les prisonniers, par une aumône à prendre sur la masse. Le tour de bonnet fait, il a passé unanimement que sur les menues nécessités il me sera remis une somme de 600 liv. pour l'employer en aumônes, laquelle somme sera remplacée par l'aumône que des juifs condamnés l'année dernière doivent payer [2]). — « 31 janvier. Messieurs des deux Chambres ont délibéré de rendre aussi les pauvres luthériens participants de l'aumône que la compagnie a jugé devoir faire dans ces temps rigoureux de froid et de neige; en conséquence M. Villard a été autorisé à me remettre encore par avance sur l'aumône susdite des juifs, la somme de 480 liv., de laquelle cejourd'hui j'ai remis 18 louis d'or à M. Behr, principal ministre, un louis en sus des trois du jour d'hier au geolier et un autre louis à un pauvre honteux » [3]).

Le 23 août 1784, les Chambres se décidèrent, après quelques hésitations, à prendre 1200 liv. sur les mêmes aumônes des juifs de Reguisheim pour les donner au sieur Golbery, ancien conseiller dans la détresse, dont on n'avait guère à se louer, à condition qu'il se rendît réellement à Vienne ainsi qu'il disait en avoir le projet, pour « y chercher son pain » [4]).

Le 17 août 1787, la compagnie, à l'unanimité, accorda une

---

[1]) Journal du palais, p. 350, II.

[2]) Quelques juifs de Réguisheim avaient été condamnés à une aumône de 8000 liv., nous ne savons pour quel motif.

[3]) Journal du palais, II, p. 411. Le 3 avril 1784 le Conseil accorda sur le fonds des menues nécessités la somme de 200 liv. sans tirer à conséquence, au père Chevalier, augustin de Paris, qui avait prêché le carème à Colmar, en considération des dépenses extraordinaires que lui imposa la saison durant ce voyage. (Ibid. p. 415). En 1788 le Conseil donna la même somme à un bénédictin qui avait également prêché le carème. „pour l'indemniser de la perte de son porte-manteau". (Ibid. p. 634.)

[4]) Ibid., p. 419.

somme de 1200 liv. « pour secourir les bourgeois et les habitants de cette ville qui ont souffert des pertes par l'incendie considérable qu'il y a eu en cette ville le 13 du courant. Je me suis chargé de remettre cet argent aux conseillers de ville préposés pour la collecte des aumônes » [1]. A la réunion des Chambres du 12 mars 1788, M. de Holdt sollicita un secours pour un avocat italien : « J'ai dit qu'un avocat du Sénat de Venise se trouvait malade en cette ville ; que nos avocats et procureurs lui ont donné des secours, et j'ai prié la compagnie de trouver bon que je lui fasse donner 25 liv. sur les menues nécessités, ce qui a été agréé [2] » ; etc.

Ces derniers secours étaient pris sur les menues nécessités, car les aumônes ne paraissent pas avoir fait masse : c'est peut-être à tort que nous les avons considérées comme un fonds, puisque le Conseil n'en disposait pas à son gré selon les occasions, mais le plus souvent il en déterminait immédiatement la destination par l'arrêt même de condamnation. Ainsi le célèbre chanoine Rumpler fit imprimer à Bâle, en 1785, un mémoire diffamatoire contre le promoteur de l'officialité de Strasbourg ; et le 25 mai il fut « condamné à être admonesté, à rapporter au greffe du Conseil les exemplaires dudit libelle, et jusque là interdit, en 1200 liv. d'aumônes applicables un tiers au pain des prisonniers et les deux autres tiers aux pauvres de la ville » [3]. Le Conseil d'état, sur la requête du chanoine, cassa l'arrêt du Conseil souverain et ordonna « ce qui est sans exemple... la restitution des 1200 liv. d'aumônes qu'il (le chanoine) a payées et que les gens du roi ont distribuées » (17 janv. 1786) [4]. Voici un autre exemple de 1772. Il y avait près de Blodelsheim sur les bords du Rhin, côté d'Alsace, une redoute qui faisait encore partie du territoire de la ville badoise de Neubourg. En 1770 la femme du gardien de cette redoute tomba malade. Son état devint tout-à-coup si grave que dans la nuit du 28 avril son mari fit prier en toute hâte le curé de Blodelsheim de venir lui porter les derniers secours de la religion. Le curé s'y refusa, parce que, prétendait-il, cette redoute était de la paroisse de Neubourg, dans la-

[1] Journal du palais, II, p. 502.
[2] Ibid., p. 533.
[3] Notes d'arrêts, II, p. 319.
[4] Journal du palais, II, p. 455.

quelle il n'avait aucune juridiction. La femme mourut donc sans sacrement. Le curé, traduit devant le Conseil souverain, fut « condamné à être sévèrement réprimandé, en 400 liv. d'aumônes, applicables, moitié à faire dire des messes pour l'âme de la femme décédée sans sacrement, et l'autre moitié aux pauvres de Blodelsheim, et aux dépens. M. M..., rentré en la Chambre, a été réprimandé par M. le premier Président, qui lui a fait une belle exhortation » (17 septembre 1772) [1]).

On peut juger par ces exemples, à quel usage le Conseil employait ordinairement les aumônes. Il faut observer cependant que si les pauvres ou les œuvres pies y avaient la plus forte part, les prisonniers, qui étaient certainement le petit nombre, en profitaient dans une large proportion : on conçoit d'ailleurs qu'ils aient été particulièrement l'objet de la sollicitude du Conseil [2]). Le tiers des 1200 liv. payées par le chanoine Rumpler devait servir « au pain des prisonniers »; et l'on se souvient également qu'en 1784 le doyen fut autorisé à remettre au geolier quatre louis d'or pour secourir les prisonniers durant ces froids exceptionnels. C'est encore les aumônes qui servaient à les habiller. Un arrêté du Directoire du département le fait connaître. Avec l'ancienne organisation judiciaire disparurent également les condamnations à l'aumône; or à la séance du 27 août 1790, M. Mieg, nommé pour remplacer le Procureur-général-syndic, présenta un réquisitoire « portant qu'il est informé par le concierge des prisons de cette ville de Colmar, et qu'il a vérifié par lui-même, qu'il existe ès dites prisons six hommes condamnés aux galères qui manquent de vêtements; que cette dépense, *qui se faisait sur des fonds de charité et d'aumône en faveur des prisonniers,* ne peut plus s'effectuer parce que cette ressource se trouve depuis quelque temps en défaut, etc. » [3]). En quelques circonstances excep-

---

[1]) Notes d'arrêts, II, p. 70.

[2]) Le Conseil ne choisissait pas le geolier à la légère. „Cette place était de grande conséquence, remarquait le premier Président à l'assemblée des Chambres du 22 décembre 1783, et demandait un homme sûr, qui soit exact et charitable.“ (Journal du palais, II, p. 406.)

[3]) Voici la fin du réquisitoire : „Qu'il est de l'humanité d'y subvenir sans retard et que pour le moment, il ne voit de meilleur moyen que de tirer les vêtements indispensables dont s'agit du magasin du dépôt d'Ensisheim, qui, comme le directoire le sait, renferme une provision d'habillements de cette espèce, sauf à les faire remplacer audit magasin au prix d'estimation par qui il appartiendra.“ Le directoire prit un arrêté conforme à ce réquisitoire. Il s'agissait de six chemises, six paires de culottes, quatre camisoles, cinq paires de souliers.

tionnelles, le Conseil était presque généreux envers les prisonniers. Lors du rétablissement des Cours souveraines, en 1788, « M. le doyen a proposé de faire donner un bon dîner aux prisonniers, pour les faire participer à la joie publique; ce qui a été approuvé [1]. » — Lorsque le second président, M. de Salomon, fut élu maire de Colmar, il leur fit la même gracieuseté; sa qualité de président du Conseil lui valut sans doute l'assentiment de ses collègues [2]).

IV.

Dans beaucoup de localités, surtout dans les villes, il y avait des hôpitaux. « Les hôpitaux, dit le comte de Montjoie à l'Assemblée complète du district de Belfort le 16 novembre 1788, étaient dans l'origine des maisons publiques où les voyageurs recevaient les secours de l'hospitalité. Ce sont aujourd'hui des lieux où des pauvres de toute espèce se réfugient, et où ils sont *bien ou mal* pourvus des choses nécessaires aux besoins urgents de la vie. » Les hôpitaux n'étaient destinés qu'à secourir les bourgeois et quelquefois les manants d'une communauté [3]); quant aux étrangers, on se bornait à leur donner, sous le nom de passants, un asile durant une ou deux nuits. Dans quelques-uns de ces établissements il y avait des pensionnaires, c'est-à-dire des pauvres qui y trouvaient le logement, même la nourriture. Plus rarement on y recevait des malades; de sorte que d'ordinaire les revenus disponibles d'un hôpital étaient purement et simplement distribués au dehors, entre les pauvres et les malades nécessiteux, bourgeois

---

[1] *Journal du palais*, II, p. 548. Il semble que cette dépense a été prise plutôt sur le fonds des menues nécessités que sur les aumônes.

[2] „M. de Salomon fit, à l'occasion de sa nomination, beaucoup de bien aux pauvres; il donna un repas aux malades à l'hospice civil et aux orphelins; fit donner double ration aux prisonniers et racheta du bagne un contrebandier, pauvre père de famille." (*Petite chron. colm.*)

[3] „Nous avons l'honneur de dire à votre Grandeur que l'hôpital, qui subsiste en cette ville avant et depuis le XIIe siècle, a été originairement fondé et établi par la piété de nos ancêtres, moins dans la vue d'y recevoir toute sorte de pauvres, que dans celle de procurer un asile aux bourgeois, qui, par le grand âge et les infirmités se pourraient trouver hors d'état d'agir et dans la nécessité de chercher une retraite pour y finir tranquillement le reste de leurs jours." Lettre du magistrat de Colmar à l'Intendant, 18 janvier 1754.

ou manants, domiciliés dans l'endroit. En 1790, l'hôpital de Thann secourait ainsi 400 pauvres qui habitaient la ville. A Colmar, en 1752, bien que l'hospice eut des malades et des pensionnaires, on donnait encore du pain à 110 pauvres de la ville, sans parler de secours périodiques en argent ou en nature accordés à des pauvres honteux.

Voici quelques renseignements sur les hôpitaux du département de Colmar, d'après un état dressé par l'Intendance en 1723 [1]:

Colmar. L'hôpital se compose de deux corps de bâtiments [2]. Le premier, le plus grand, est l'hôpital royal. Le second est occupé par les pauvres de la ville: il « est si rempli de pauvres et de malades (y en ayant actuellement plus de 180, non compris les gardes des malades, les valets, les servantes et autres domestiques qui y servent), qu'il n'y a pas moyen d'y en recevoir davantage, y ayant même dix ou douze pauvres auxquels on fournit la subsistance dans la ville, faute de place pour les loger dans ledit hôpital ». Les pauvres (non compris les orphelins au nombre de 36) sont divisés en deux classes : la première se compose des bourgeois ou veuves de bourgeois indigents, dits pensionnaires, dont l'entretien coûtait 6 sols 6 par jour; la seconde classe comprend tous les autres pauvres et les malades, dont l'entretien revenait à 4 sols par jour. On recevait aussi les pauvres passants pour lesquels on dépensait 3 sols par jour [3].

Ribeauvillé. L'hôpital ne peut contenir que 5 ou 6 personnes qui sont toutes de la ville: on n'y reçoit point d'étranger. Revenus: 20 à 25 écus [4].

Bergheim. — L'hôpital a été fondé par les bourgeois et se

[1] En 1751 quelques-uns de ces hôpitaux augmentèrent leurs revenus. En effet: „par lettres patentes du 16 juillet 1751, registrées le 24 novembre suivant, il a été ordonné que les biens et revenus des maladreries de Guebwiller, Soultz et Turckheim unis à l'hôpital de Rouffach, et ceux des maladreries de Cernay, Thann et Massevaux unis à l'hôpital d'Ensisheim par lettres patentes du mois de mai 1701, seraient et demeureraient unis aux hôpitaux desdites villes." Ord. d'Al. I, p. 322.

[2] Il est question de l'ancien hôpital ; l'hôpital actuel fut construit en 1785.

[3] En 1752 les recettes s'élevaient à la somme de 21,702 liv. 12. 1 et les dépenses à 27,462 liv. 13, 4. En 1789 les recettes furent de 33,936 liv. 8, 4¹/₁₂, et les dépenses de 41,699 liv. 14, ¹/₄ plus 279 liv. 18 d'extances, soit en tout 41,979 liv. 12, ¹/₄.

[4] Jusqu'en 1770 il n'y eut qu'un hôpital à Ribeauvillé; à partir de cette année chaque culte eut le sien.

composé de 4 chambres et d'un poêle et a pour revenu une rente de 40 sacs de grain, de 183 liv. 6 sols 8, en argent et de 9 mesures de vin. Tout est absorbé par les pauvres de l'endroit qui ont de plus recours pour vivre à la charité des bourgeois [1]).

Guebwiller. L'hôpital a deux étages; le premier est occupé par le concierge et contient un poêle assez grand pour loger les pauvres passants. Le second est habité par 4 ou 5 pensionnaires dont l'entretien revient à 5 sols par jour [2]).

Wattwiller. L'hôpital est occupé par le concierge et une veuve pensionnaire; il y a un poêle pour les passants. Revenus: une rente de 25 louis.

Thann [3]). L'hôpital reçoit les pauvres du lieu qui y sont entretenus au nombre de 30, à raison de 6 sols par jour.

Cernay. Hôpital délabré, hors d'état d'être habité; point de revenu [4]).

Kaysersberg. L'hôpital héberge 20 pauvres [5]).

Munster. L'hôpital est en mauvais état; il ne pourrait loger que 3 ou 4 personnes; mais on emploie ses revenus, qui consistent en une rente de 80 liv., à secourir les pauvres honteux de la ville et les passants.

Turckheim. La maison est fournie par le magistrat; le bourgeois-directeur y est logé ainsi que 35 pauvres auxquels on permet de demander la charité en ville, car les revenus (qui sont de 149 liv. 17, 10, en argent et de 4 mesures 6 pots de vin) ne suffisaient pas à leur entretien. On reçoit aussi les passants pour une nuit avec nourriture; 5 sols par jour.

Kienzheim. Plusieurs pauvres familles bourgeoises y logent et y sont entretenues; on y reçoit aussi des passants, dont l'entretien est évalué à 6 sols, ou 6 sols 8 par jour.

---

[1]) En 1769, une note de la chancellerie de Ribeauvillé prétend que l'hôpital de Bergheim est „fort riche".

[2]) En 1789 la maison était habitée par les deux Bettelvögt et par quelques pensionnaires. Le compte des trois années 1787-88-89 accuse comme recette la somme de 40,535 liv. 13, 5⅔, plus 7 mesures 7 pots de vin et 6 rez. de grain; et comme dépense la somme de 36,172 liv. 16, ½, ou 39,638 liv. 13, ½ avec les reprises.

[3]) Hôpital Saint-Erhard.

[4]) L'hôpital se trouvait dans des conditions meilleures en 1786, car il put contribuer pour 60 liv. au traitement du proviseur.

[5]) La situation financière de l'hôpital de Kaysersberg était exceptionnellement florissante à la fin du siècle; les comptes de 1776 accusent 22,391 livr. 13, 11 de capitaux placés, et ceux de 1786 21,831 liv. 19, 11.

Ammerschwir. Pas de revenus. Le concierge occupe la maison et y reçoit les passants [1]).

Ensisheim. Occupé par 15 ou 20 personnes; on y reçoit aussi les passants pour une nuit avec entretien [2]).

Rouffach [3]. L'hôpital est occupé par le bourgeois-directeur, les fossoyeurs, 4 pauvres femmes et 6 enfants. Une chambre est réservée pour les malades et les passants; 6 sols par jour.

Soultz n'a qu'un poêle ordinairement réservé aux passants; il est occupé pour le moment par 4 pauvres femmes qui demandent la charité en ville.

Eguisheim. L'hôpital est occupé tout entier par un pauvre bourgeois à charge par lui de loger les passants.

Gueberschwir. Ne loge que les passants.

Pfaffenheim. Hôpital ruiné.

Riquewihr. 1000 liv. environ de revenus par an [4]). Quatre ou cinq pauvres seulement sont logés à l'hôpital; la plus grande partie des revenus se distribue entre les indigents domiciliés dans l'endroit. On y reçoit les passants, dont la dépense se compte 6 sols par jour.

Hors du département de Colmar [5]), il existait encore des hôpitaux à Altkirch, à Belfort, à Massevaux et peut-être à Giromagny, du moins il y avait à Giromagny un « directeur des pauvres », etc. Nous mentionnons seulement l'hôpital de Mulhouse, parce qu'alors cette ville faisait partie de la Suisse.

L'hôpital d'Altkirch semble avoir disparu vers la fin du siècle; car Altkirch était compris dans le district de Huningue en 1787, et une délibération de l'Assemblée complète, en date du 5 novembre 1787, affirme qu'il n'y a point d'hôpital bourgeois dans le district.

---

1) Les biens et revenus des maladreries d'Ammerschwir, Beblenheim, Riquewihr, Ribeauvillé, Dambach et Schlestadt avaient été réunis à l'hôpital des pauvres malades de Schlestadt par lettres patentes du 24 février 1703, registrées le 19 mai. (Ord. d'Al., I, p. 322.)

2) L'hôpital d'Ensisheim put contribuer pour la somme de 100 liv. en 1786 au traitement d'un proviseur.

3) Hôpital Saint-Jacques. En 1752 il y eut : recettes : argent, 1783 liv. 16, 6; grains, 108 rez. 4, 2; vins, 23 mesures 27 pots. Dépenses : argent, 2168 liv. 8, 2; grains, 72 rez. 1; vins, 9 mesures 17 pots. — En 1788 : recettes évaluées en argent, 6258 liv. 19, 3; dépenses évaluées en argent, 3740 liv. 8, 6.

4) En 1723 la recette fut de 1152 liv. 4, 8, en argent, plus 13 mesures 12 pots de vin; la dépense s'éleva à 735 liv. 4, 8.

5) Il y avait encore dans ce département un hôpital à Sainte-Marie, dont les revenus en 1790 étaient estimés 8000 liv. Nous ne savons quand il a été fondé.

À Belfort se trouvait l'hôpital Sainte-Barbe. En 1723, selon le subdélégué Noblat, cet hôpital avait un revenu de 907 liv. 13, 8 [1]); il se composait de douze chambres très mauvaises et assez mal distribuées, dans lesquelles étaient logés des pauvres, une hospitalière et deux domestiques. L'hospitalière avait pour gages annuels fixes 66 liv., et les domestiques ne recevaient que ce que l'on prélevait pour eux sur les aumônes. Outre quelques pauvres pensionnaires, les passants malades y trouvaient un asile et des soins jusqu'à leur guérison [2]).

[1]) Voici le détail de ces revenus :

560 liv. 17, 6, rentes, etc., en argent.
33 liv.   „   „   valeur de 12 quartes de blé et de 2 quartes d'avoine.
318 liv. 16, 2, quêtes et dons de l'année 1722.
———
907 liv. 13, 8. En 1752, les recettes de cet hôpital s'élevèrent à 10,619 liv. 13, 9, et les dépenses furent de 9270 liv. 4, 4.

[2]) Il y avait autrefois à Belfort un autre hôpital, appelé hôpital des poules. Il dut son origine à la libéralité de la comtesse Jeanne de Montbéliard, et fut établi en 1349 près la porte basse, pour dix pauvres, deux infirmiers et un chapelain. D'après le titre de fondation, on devait donner à chaque pauvre, d'abord pour son entretien et sa nourriture, un coupot de grain, mesure de Belfort, coupot appelé malcorne, tous les samedis, puis 12 deniers de Saint-Étienne en argent et un juste-au-corps ou jupe de drap gris de la valeur de 15 deniers de Saint-Étienne à chaque Saint-Martin; les deux infirmiers étaient chargés de prendre soin des pensionnaires, et le chapelain devait les visiter et dire quatre messes par semaine à la maison. Dans la suite, l'emploi des fonds de cet hôpital fut modifié. En 1459 ou 1461, l'archiduc Sigismond autorisa le chapitre de Belfort à créer une sorte de maîtrise composée de quatre enfants de chœur et d'un maître chargé de les instruire. Pour les frais de cet établissement il permit aux chanoines, moyennant certains services religieux, anniversaires, etc., de prendre quatre prébendes des pauvres de l'hôpital et d'en faire cinq parts. En 1690 le chapitre, auquel la chapellenie avait été incorporée depuis 1440, fut autorisé à vendre la maison qui servait d'hôpital. Cette maison était une ruine; elle se trouvait en si mauvais état que l'eau séjournait même dans les salles. Le chapitre en retira 2000 liv. qu'il plaça en rente perpétuelle, dont il distribua tous les ans les arrérages, avec ce qui restait des autres revenus, non plus seulement à huit pensionnaires, mais à 50, même 60 indigents habitant la paroisse. Avec le temps ces revenus diminuèrent considérablement. À l'origine, chaque prébende se composait de 26 quartes moissonnales, mesure de Belfort, et d'un sol estevenant en argent par semaine. Plus tard des difficultés s'élevèrent sur le point de savoir ce qu'il fallait entendre par quartes moissonnales; on s'accorda à les payer sur le pied de 52 boisseaux ou 24 quartes de Belfort en froment, et 52 boisseaux ou 17 quartes et un coupot de Belfort en avoine. Les guerres et le désordre qui en fut la suite réduisirent encore le produit de ces prébendes. Au commencement du XVIIIᵉ siècle, on fut obligé de supprimer la maîtrise établie en 1461, parce que les quatre prébendes, qui étaient affectées à son entretien, ne rapportaient plus suffisamment. Enfin la Révolution détruisit ce qui restait des biens de fondation de cet hôpital : c'étaient principalement des dîmes et des tailles au finage de Meroux, supprimées à cette époque sans indemnité, comme on le verra plus loin.

Les principaux revenus des hôpitaux consistaient en biens-fonds, que l'établissement exploitait où amodiait suivant son intérêt, en rentes foncières, surtout en dîmes, quelquefois en certains droits seigneuriaux utiles; il y avait même des capi-taux placés à intérêts sur simple obligation. Les immeubles, les rentes, les dîmes, les droits seigneuriaux, comme les capi-taux, provenaient le plus souvent de dons et legs. A Belfort, on s'en souvient, la confrérie des marchands, dite de Sainte-Barbe, fonda de ses deniers l'hôpital Sainte-Barbe, dont la dotation s'accrut petit-à-petit, grâce à la générosité de per-sonnes charitables. Citons un don de 20,000 liv. fait à cet hôpital par la famille Noblat, dont les membres ont occupé si longtemps la charge de prévôt et celle de bailli de Belfort [1]. A Colmar et à Bergheim, la bourgeoisie créa les hôpitaux de ces deux villes dans le but de venir plus efficacement au secours de ses membres indigents. A Bergheim, l'hôpital n'eut dans le principe que de maigres revenus, puisque les pauvres qui y étaient admis, devaient pour vivre solliciter la charité de leurs concitoyens, en 1723 du moins; mais grâce à la géné-rosité des bourgeois, il était « fort riche » en 1769, si l'on en croit la chancellerie de Ribeauvillé. A Colmar, on acquit en 1548 l'ancien couvent des Franciscains [2] dont les biens s'accru-rent par une si grande quantité de donations ou de legs, qu'il serait bien trop long d'en faire l'énumération: « Si l'on se re-portait, dit en 1824 le baron de Muller, à ce qui existait avant la Révolution, la comparaison serait bien défavorable pour l'époque actuelle et offrirait un ample sujet de regret. La for-tune de l'hospice s'accroissait d'année en année par des dons, dans ces temps où régnait un esprit religieux et un attache-ment profond de chaque citoyen à sa ville et à ses institutions. On en vit plusieurs consacrer à l'hospice toute leur fortune; et il faut citer entre autres le bel exemple de M. l'avocat Bas-que, qui l'institua en 1775 son légataire universel pour des biens excédant 100,000 livres [3]. » L'hôpital de Guebwiller fut

---

[1] Essai sur l'histoire littéraire de Belfort, etc., p. 163.

[2] „Les principales facultés de l'hôpital consistent dans les cens, rentes et revenus, etc., qui appartenaient ci-devant au couvent des Cordeliers établi en cette ville, et qui par contrat du 7 novembre 1543 ont été cédés et abandonnés par l'ordre audit hôpital avec le consentement du pape et de l'empereur." Lettre du magistrat de Colmar à l'Int., 18 janvier 1764.

[3] Rapport au préfet, 1824. — Pierre Basque, natif de Strasbourg, fut reçu avocat au Conseil le 23 novembre 1702; il suivit le barreau durant trois ans.

l'objet des libéralités du comte de Rouveroy, grand-chantre, et de Frédéric-Casimir de Rathsamhausen, prince-abbé de Murbach, pour ne citer que les principaux. Le premier l'institua son légataire universel [1]. Le second avait l'habitude de faire don d'un louis d'or aux pauvres de l'hôpital toutes les semaines; de son vivant (7 décembre 1780) il donna à cet établissement une grande et belle prairie dont le revenu devait servir à acheter du bois pour les pauvres de la ville [2]; et il lui légua en mourant le reste de son patrimoine [3]. A Thann, le legs généreux de François-Bernard, Tromet de Marsilly, ancien lieutenant-colonel de cavalerie, chevalier de saint Louis, permit de rebâtir dans de belles proportions l'ancien hôpital qui paraît avoir été plus que caduc [4].

Mais comme il était pauvre et que ses parents ne pouvaient lui fournir le nécessaire, il dut quitter Colmar en 1706, revint à Strasbourg où il obtint la place de premier secrétaire du cardinal de Rohan. En 1714, grâce à la protection du cardinal, il fut nommé receveur des domaines à Colmar. En 1717 il donna sa démission, et depuis ce temps il se consacra tout entier à la profession d'avocat jusqu'en 1753. Il fut du magistrat, même stettmeister de Colmar, de 1731 à 1761 et mourut en 1764, ce semble, et non en 1775 comme le pense M. de Muller. Sa fortune liquidée produisit 130,000 livres.

[1] Il mourut le 7 décembre 1786 „non sine maximo omnium bonorum luctu" (Vit. Casimir de Rathsamhausen, par Ettlin, p. 54). Sa fortune s'élevait à la somme de 30,329 livres, 3 sols 11; mais quelques dettes, les frais et surtout les frais de plusieurs procès qu'il fallut soutenir à propos de cette succession, absorbèrent 25,445 livres 19 sols.

[2] Cette prairie fut vendue pour 4545 livres, dont les intérêts, 217 livres, servirent à faire ces achats.

[3] Le testament du prince-abbé était daté du 29 novembre 1780; on en donna lecture publique le 19 janvier 1786 et il fut régistré au Conseil le 21 du même mois. Le prince voulait être enterré comme un pauvre; il demandait que quatre pauvres portassent son cercueil, et il leur assignait à chacun 12 livres de gage pour cela; le Chapitre devait accompagner son corps jusqu'aux limites de la paroisse; là le curé devait le recevoir et l'enterrer au pied de la Croix de mission, près de l'église supérieure, où l'on avait coutume d'enterrer les pauvres étrangers. (Beschreibung der Stadt Gebweiler, par Deck, p. 163). Mais par ordre supérieur, on lui fit des funérailles dignes de lui et on l'enterra dans l'église du Chapitre (Vit. Cas. de Rathsamhausen, par Ettlin, p. 43). D'après le prévôt Deck, sa succession s'éleva à 21,379 livres 19 sols 6, dont il y eut à retrancher 2,652 livres 2 sols 1, pour frais, etc.; il y eut donc un reliquat actif de 18,727 livres 17 sols 6. D'après les comptes de l'hôpital, le patrimoine du prince-abbé se composait de 21,814 livres 9 sols 8, en argent, de plusieurs obligations rapportant 110 livres 16 sols 9, d'intérêts par an, d'une rente de 68 livres 4 sols 3, et de la somme de 1136 livres 4 sols 9, produit des enchères.

[4] M. de Marsilly était propriétaire d'un château situé au Cathenbach. Il paraît s'être occupé d'agriculture et avait tenté plusieurs expériences sur l'Ochsenfeld. Le nouvel hôpital, bâti d'après les plans de Kléber, était sous toit en janvier 1789. La municipalité accusait le magistrat d'avoir mal administré le legs Marsilly et de ne pas s'être conformé aux dernières volontés du testateur; de là des discussions sans fin, dénonciations aux autorités supérieures, etc.

Quelle que fût la fortune des hôpitaux, elle était cependant loin de suffire. Souvent la caisse des revenus patrimoniaux de l'endroit venait à leur secours, surtout dans les moments de détresse, lorsque les malheurs des temps augmentaient le nombre des misérables. Dans les villes on avait imaginé le moyen suivant pour mettre un terme au fléau de la mendicité. Une ou deux fois, même trois fois par semaine, des employés de l'hôpital ou de la communauté, appelés *Chasse-coquins* ou *Bettelvögte*, parcouraient la ville ou le bourg, allaient de maison en maison, en agitant une clochette. Ils étaient porteurs d'un tronc ou boîte cadenassée, appelée *Büchse*, *Geldbixen*, dans laquelle ils recevaient les offrandes en argent qu'on voulait bien leur donner, et quelquefois d'une corbeille ou d'un panier *(Brodgretzen)*, destiné aux dons en nature. Le produit de cette quête était distribué à l'hôpital, par les directeurs-administrateurs ou sous leur surveillance, aux mendiants auxquels il était dès lors interdit de solliciter la charité publique dans les rues. A Guebwiller on réunissait les pauvres à l'église de l'hôpital, et on leur faisait dire une prière avant la distribution. A Rouffach cette aumône hebdomadaire, *wöchentliche Almosen in Geld*, produisit du 6 janvier au 26 décembre 1788 la somme de 570 livres 11 sols; et en 1789, du 4 janvier au 16 août, 359 livres 1 sol. A Colmar la première quête qui se fit par les chasse-coquins en 1770, rapporta plus de 100 thalers [1]. En 1787, l'instituteur de Ferrette, Richard, âgé et infirme, recevait un secours de la « boëte des pauvres », outre la pension qu'il touchait de la ville.

Quand l'hôpital avait des pensionnaires, il les logeait, et si ses ressources le permettaient, leur donnait l'entretien. On a vu qu'en 1723 l'entretien d'un pensionnaire de la première classe de l'hôpital de Colmar revenait à 6 sols 6, tandis que celui de ceux de la seconde classe ne coûtait que 4 sols par jour [2]. A Guebwiller, à la même date, la nourriture d'un

---

[1] Billing, Chron., p. 202. — Une ordonnance de M. de Blair, en date du 31 décembre 1769 (nous en parlerons plus loin), défendit la mendicité aux pauvres valides, et chargea les communautés d'entretenir les invalides. C'est à ce propos que cette manière de faire la quête fut introduite à Colmar: on la trouve déjà auparavant en usage à Munster, Turckheim et Kaysersberg.

[2] L'hôpital de Colmar comptait un certain nombre de pensionnaires payants; ils avaient du moins versé quelque fonds pour être admis. C'étaient sans doute les pensionnaires de première classe.

pauvre coûtait 5 sols par jour et comprenait une livre et demie de pain, une demi livre de viande et une chopine de vin. En 1753 l'hospitalière de Sainte-Barbe à Belfort fournissait la soupe aux pauvres, à raison de 1 sol la portion. Les pensionnaires valides, pour qu'ils ne restassent pas oisifs, étaient occupés à Colmar, du moins en 1752, à tricoter sous la direction d'un maître-tricoteur: ils travaillaient au profit d'un maître-bonnetier de la ville.

Les secours que l'on distribuait aux pauvres domiciliés en ville, étaient de diverse nature. Tantôt temporaires, tantôt périodiques, ils consistaient soit en une certaine somme d'argent, soit en une certaine quantité de pain ou de viande; quelquefois l'hôpital payait l'écolage des enfants, les remèdes ou les médicaments du pharmacien, les opérations du chirurgien, la visite du médecin; souvent il donnait des habits, des couvertures, du linge, une nourriture fortifiante aux malades ou aux convalescents, etc. Quand l'hôpital recevait des orphelins, il les faisait élever et instruire, les plaçait en apprentissage à ses frais et les mettait en état de gagner leur vie.

La haute surveillance des hôpitaux appartenait au Procureur-général; mais l'inaction presque absolue dans laquelle se maintint ce magistrat jusqu'à la Révolution fait bien voir que ce droit de surveillance était plus nominal que réel. Aux termes de l'article 29 de l'édit d'avril 1695 sur la juridiction ecclésiastique, les Evêques et Archevêques étaient maintenus, dans le droit « de présider et d'avoir soin de l'administration des hôpitaux », s'ils en avaient la possession [1]). Il ne paraît pas, en Haute-Alsace, que l'Ordinaire eut une part quelconque dans l'administration des hôpitaux, du moins nous n'en avons trouvé aucune trace: elle appartenait toute entière, sous la surveillance du Procureur-général, aux magistrats des villes ou aux préposés des villages [2]). Ceux-ci, magistrats ou préposés,

[1]) Ord. d'Alsace, I, p. 243.

[2]) „L'inspection et l'administration dedit hôpital a de tout temps appartenu au magistrat seul; il l'a fait exercer par deux membres de son corps; et les comptes de cette recette et dépense se rendent annuellement par devant le magistrat assemblé à cet effet, par le receveur, dans la forme et manière qu'elle a été en usage jusqu'à présent, sans que lesdits comptes aient été sujets à revision, ni à être vus par qui que ce soit, attendu que suivant l'usage généralement observé dans tout l'empire, il n'y a que le fisc qui ait, dans le cas de plainte, inspection sur ces sortes de fondations pieuses, auquel, depuis la réunion de la province, le Procureur-général du roi a succédé dans ce droit." Lettr edu magistrat de Colmar à l'Int., 18 janvier 1764.

en chargeaient spécialement un ou plusieurs d'entre eux, dont ils demeuraient solidairement responsables. Par exception, l'hôpital Sainte-Barbe de Belfort, sans doute à cause de la destination particulière en vue de laquelle il avait été fondé, était administré par une commission composée de douze bourgeois, qui s'adjoignaient pour la reddition des comptes, le curé, le maître-bourgeois et le prévôt. Les administrateurs délégués par le magistrat ou les préposés faisaient la recette et la dépense dans les hospices qui n'avaient point d'économe et de receveur, et prenaient soin des capitaux. En 1758, le membre du magistrat de X..., chargé de l'hospice de cette ville, fut condamné par l'intendant de Lucé à restituer, avec les intérêts, une grande partie des capitaux de cet établissement qu'il avait dissipés. Comme il était insolvable, ses collègues du magistrat, en vertu de leur solidarité, durent remplacer en son lieu et place les sommes qui avaient disparu. Ces fonctions d'administrateurs n'étaient pas toujours gratuites. A Colmar, encore en 1789, les deux stettmeistres-administrateurs avaient chacun 100 livres de gage; toutefois cette somme est trop infime pour qu'on puisse la considérer autrement que comme une sorte de reconnaissance.

Le personnel des hôpitaux était exclusivement laïque, parceque les congrégations hospitalières ne furent connues chez nous qu'à la fin du siècle. Sous les ordres et au-dessous des administrateurs se trouvait le directeur, contrôleur, *Spitalmeister*, *Spitalvater*, ou encore *Pfleger*, qui logeait ordinairement à l'hospice et dirigeait, avec le concours de sa femme, laquelle se nommait *Spitalmutter*, les services intérieurs et la cuisine. L'économe ou receveur, *Spitalschaffner*, quand il y en avait un, s'occupait de la culture, faisait la recette et la dépense, prenait soin des capitaux, etc. A côté du directeur et du receveur, se trouvaient des employés subalternes en nombre plus ou moins considérable suivant l'importance et la destination de la maison à laquelle ils étaient attachés. Ainsi à Colmar, deux employés, appelés *Waisenväter*, pères des orphelins, dont l'un était catholique, l'autre luthérien, prenaient soin des orphelins de leur culte, et leur enseignaient à lire et à écrire jusqu'à ce que l'on pût les placer en apprentissage; un archivaire s'occupait non seulement des archives, mais aussi des services intérieurs de la maison sous les ordres du directeur; il y avait enfin un certain nombre de servantes, d'ouvriers et de domestiques (ils étaient douze en 1752), parmi lesquels on comptait le garde-forestier, le boulanger, le jardinier, le tonnelier, le cordonnier, le tailleur, le boucher, etc. Le service de santé comprenaient les médecins, chirurgiens et infirmiers, du moins lorsque l'établissement recevait et soignait des malades indigents. A Colmar il y avait deux médecins, deux chirurgiens et deux infirmiers attachés à l'hôpital (1789).

Tout service des hôpitaux était rétribué. A Colmar, en 1789, les deux infirmiers avaient 40 livres, les chirurgiens 30 livres et les deux médecins 50 livres chacun par an [1]). Comme tout leur temps n'était pas absorbé par leurs fonctions à l'hôpital, il est évident qu'il faut simplement regarder ces gages comme une sorte d'indemnité. Les autres employés recevaient quelquefois le logement et l'entretien, toujours un salaire en argent plus ou moins considérable suivant les fonctions qu'ils remplissaient, ou bien une simple indemnité, lorsqu'il leur était possible, comme aux médecins et aux chirurgiens, de s'occuper encore ailleurs, ou d'exercer une autre profession.

Telle était à grands traits l'organisation des hôpitaux de la Haute-Alsace au siècle dernier. Si jamais il y eut administration déplorable, ce fut incontestablement celle-ci. Quand on voit ce qui se faisait, presque impunément, dans les villes et sous les yeux même de l'autorité supérieure, on peut se demander ce qui devait se passer dans les villages ou les bourgs éloignés! Nous avons déjà parlé des dilapidations dont l'administrateur de l'hôpital de X... s'était rendu coupable en 1758. En 1782, on accusait le *Spitalcater* de l'hôpital protestant de A..., de traiter ses malades *mit der grössten Unbarmherzigkeit, mit Rauhigkeit;* il employait à son usage le bois qui leur était destiné, s'appropriait les mets et les vêtements qu'on leur apportait par charité, les soignait mal et n'observait pas les ordonnances des médecins; sa femme défendait même aux personnes du dehors de les visiter. C'était pis encore à Colmar, d'après une note officielle remise en 1754 au préteur royal de Muller. L'hôpital n'avait alors pour les malades que deux petites salles, pouvant contenir tout au plus vingt lits chacune. Non seulement ce peu de lits ne suffisait pas « en cas de grandes maladies », mais encore c'était dans ces salles com-

---

[1]) En 1752 ces traitements étaient déjà au même taux, excepté celui des deux chirurgiens, qui allait à 68 livres chacun, nous n'en savons pas la raison.

munes que se trouvaient les femmes et les filles en couche:
elles n'étaient séparées des autres malades que par « un mauvais plancher », au travers duquel on entendait « aisément »
toutes les questions qui leur étaient faites par la sage-femme.
Post partús dolores, elles étaient remises dans la salle commune, où les commissaires qui devaient les interroger aux termes des ordonnances, recevaient publiquement leur déposition,
dans laquelle « l'honneur et le caractère des personnes dout il
s'agit pour la paternité » n'étaient pas précisement « ménagés ».
Les deux médecins et les deux chirurgiens se relèvent les
uns les autres tous les trois mois; mais ils ne visitent pas
leurs malades ensemble pour se les remettre, de sorte que le
nouveau médecin ou le nouveau chirurgien n'étant pas au fait
de la maladie, « il en résulte un préjudice notable dont on
s'aperçoit à chaque changement de quartier ». De plus, les
visites se font avec peu d'exactitude; les médecins ne viennent que tous les trois ou quatre jours, et très souvent sans
être accompagnés des chirurgiens, lesquels, ne sachant au juste
ce qui a été ordonné, se trompent malheureusement, surtout
quand ils doivent administrer « les choses souvent pressantes;
ce qui fait naître des qui-pro-quo qui vont à la destruction
des pauvres ». Les bouillons sont mauvais; on donne aux
convalescents leur pain pour toute la semaine en une fois, de
sorte qu'ils mangent trop à la fois quand ils ont faim, ou souvent n'ont plus rien et souffrent de la faim vers la fin de la
semaine : de là des rechutes fréquentes. « Les lits sont très
mauvais et fort malpropres... Quantité de vieilles gens sont
dispersés dans différents appartements (sans doute des pensionnaires), lesquels tombant malades, on ne peut les transporter dans la salle ordinaire desdits malades, faute d'avoir
des places; les médecins refusent de les aller voir, disant
qu'ils ne sont obligés de soigner que ceux qui sont à l'infirmerie », de sorte que ceux-ci sont abandonnés. « Les malades
passants qu'on emmène à l'hôpital, y sont sans paille et sans
couverture, et abandonnés de tout le monde; les médecins et
chirurgiens refusent de les voir sous le même prétexte; et
après les avoir gardés deux ou trois jours, on les chasse dudit
hôpital, sans s'embarrasser de ce qu'ils deviendront. » Enfin
« les pauvres en général sont mal chauffés en hiver, ainsi que
les orphelins, lesquels sont mal couchés et mal habillés, nourris seulement les dimanches, mardi et jeudi avec du bouillon

et de la viande; les autres jours de la semaine, de mauvaise soupe et de légumes mal apprêtés ». La note termine par ces mots: C'est au magistrat à voir si le directeur le l'hôpital est en défaut.

Ce n'est pas tout; il y eut encore d'autres désordres graves dans l'administration, sur lesquels nous n'avons aucun détail précis, mais que M. de Holdt, au *Journal du palais*, appelle « des abus et des scandales », et le magistrat de Colmar, dans une lettre à l'Intendant « des désordres et des dissensions ». Quoi qu'il en soit, de l'avis du Garde des sceaux, un arrêt du 28 novembre 1755, rendu sur les réquisitions du Procureur-général, ordonna « qu'il serait informé de la mauvaise administration de l'hôpital, des abus et des scandales qui s'y étaient passés » [1]). Le conseiller Poujol fut nommé commissaire; mais il se démit de ses fonctions à la suite de démêlés avec M. de Muller, préteur royal et conseiller vétéran [2]), et eut pour successeur d'abord M. de Landenberg, puis enfin M. Schepplin. Nous ignorons à quels résultats aboutit l'information conduite par ces différents commissaires, qui cependant travaillèrent « sans relâche » comme M. de Holdt le témoigne de M. Poujol. Nous savons seulement qu'ils exigèrent la destitution de l'économe de l'hospice; et le magistrat crut prévenir un ordre de leur part et sauvegarder ses droits, en renvoyant le receveur, ainsi qu'il l'explique dans une lettre à l'Intendant [3]).

Le 22 janvier 1756 le Garde des sceaux mandait au procureur général « de lui envoyer un projet de règlement pour l'hôpital de cette ville, qu'il minuterait avec M. le premier pré-

---

[1]) Journal du palais, II, p. 80.

[2]) Voir le récit des incidents que cette affaire souleva au Conseil souverain, Hist. du Conseil souv. de Mm. Pillot et de Neyermand, ch. VIII, p. 344, et Journal du palais de M. de Holdt, II, p. 80, 83, 89. Toutefois il faut remarquer que les désordres dans l'administration de l'hôpital étaient beaucoup plus réels que ne semblent le croire les auteurs de l'Hist. du Conseil souverain.

[3]) „Nous avons reçu, écrivait le magistrat à la date du 15 mars 1756, la lettre que Votre Grandeur fait l'honneur de nous écrire le 11 de ce mois, au sujet de mémoire à elle adressé par le sieur X... Ses représentations n'auraient fait aucune impression, si Votre Grandeur avait été informée des désordres et des dissensions qui ont régné depuis quelques temps dans l'hôpital bourgeois de cette ville, entre lui et l'ancien économe, malgré toutes les précautions et mesures que nous avons pu prendre pour les faire cesser; ce qui nous a attiré le chagrin de voir établir par Mgr. le Chancelier une commission pour examiner notre administration dudit hôpital. Et lesdits commissaires nommés pour cet examen ayant trouvé nécessaire de congédier le nouvel économe que le magistrat avait établi en place

Le 22 janvier 1756 le Garde des sceaux mandait au Procureur général « de lui envoyer un projet de règlement pour l'hôpital de cette ville, qu'il minuterait avec M. le premier Président, et quelques-uns de Messieurs de la compagnie » [1]. Le premier président de Klinglin, toujours désireux d'élargir ses attributions, s'occupa très activement de ce projet de règlement et envoya même son travail à Versailles; mais il ne semble pas avoir obtenu l'approbation du Chancelier.

D'ailleurs le magistrat, dans la crainte de perdre une administration dont il se voyait sur le point d'être dépouillé, n'était pas resté dans l'inaction. Non content de prévenir les désirs ou les ordres des commissaires, comme on vient de le voir, il avait pris de son chef les mesures nécessaires pour remédier promptement aux abus qui lui avaient été signalés dès 1754. Si bien qu'au mois de février 1756, lorsque le premier président de Klinglin se rendit à l'hôpital à l'improviste, dans le but de se rendre compte par lui-même de l'état des choses, il y trouva l'ordre à peu près rétabli. Dans son rapport au Garde des sceaux, M. de Klinglin put faire « l'éloge du régime alimentaire et des vivres qu'il a dégustés, à l'exception du vin qui a été remplacé sur son ordre; les salles des malades lui ont paru bien tenues et les lits largement garnis; les orphelins tricotaient des bas et des bonnets dont la vente produisait 800 livres par an; les greniers étaient remplis de grains, et de l'ancien, on a obéi et on l'a remplacé. Dans la crainte d'essuyer le même ordre pour le receveur, en conséquence de sa destitution du mois de novembre dernier, on a, de la part du magistrat, nommé un autre à sa place, auquel on a fait prêter serment; de quoi les commissaires informés, leur autorité ne s'est plus étendue à cet objet. On a, de leur part, rendu compte à Mgr. le Chancelier de toutes ces destitutions et remplacements, et le magistrat attend avec respect les ordres que le Chef de la justice voudra bien lui donner. » A partir de l'endroit marqué d'un tiret (—), la première rédaction de cette lettre portait: „… … notre administration en règle, ils ont jugé nécessaire que tant l'économe que le receveur soient renvoyés, et nous ont ordonné de pourvoir à ces deux employés, faute de quoi ils y pourvoiront en vertu du pouvoir qu'ils avaient. Comme l'un et l'autre de ces employés, par la mésintelligence qui régnait sans cesse entre eux, étaient la principale cause de tous ces désordres; que l'un et l'autre nous ont attiré toutes ces recherches disgracieuses, nous nous sommes vu obligés de donner les mains à ce que l'on nous a prescrit, sous peine d'être forcé de faire par autorité ce que nous avons jugé à propos de faire de bonne grâce, pour la conservation de nos droits. »

[1] Journal du palais, II, p. 80. Le Garde des sceaux exprimait aussi le désir de voir cette affaire „tomber… vu les suites que l'information en commencée pouvait avoir"; mais M. de Roldt remarque que „cette lettre paraît visiblement surprise, et M. le Procureur général veut faire à ce sujet des représentations".

les caves, qui sont considérables, regorgeaient de vin [1]); sur son observation qu'il n'y avait pas de linge en quantité suffisante, les administrateurs présents ont pris l'engagement d'en acheter pour 1500 livres » [2]). C'est ainsi que l'orage fut détourné et se dissipa.

Toutefois cette ère de prospérité dura peu. En 1760 et en 1767, le magistrat dut faire de nouveaux règlements très précis, sans doute pour remédier à de nouveaux abus, ou mieux pour empêcher les anciens abus de renaître; mais il ne réussit encore à les corriger que pour un temps, comme on le verra plus loin.

Si l'on en croit le procureur-syndic du district de Belfort, comte de Montjoie, les administrations des hôpitaux de la province, en général, laissaient pour le moins tout autant à désirer que celle de l'hospice de Colmar. Voici en quels termes il s'exprimait à l'Assemblée complète du 16 octobre 1788: « Ces maisons, dit-il, dans la suite des temps, furent dotées par des particuliers et elles eurent des revenus dont l'administration, du moins dans le district de Belfort, est confiée à des directeurs subalternes, *affranchis de toute surveillance supérieure.....* Il y a tant de bureaux formés et même assez inutilement pour administrer les revenus des hôpitaux, qu'il y aurait une grande économie dans leur suppression... Je ne censurerai pas l'administration de *nos hôpitaux d'Alsace; je me bornerai à dire qu'elle est généralement si mauvaise que la réforme en est indispensable.* »

On vient de voir comment les étrangers ou passants malades étaient traités à Colmar, en 1754 du moins. Si plus tard

---

[1]) Le magistrat avait voté d'urgence, en 1755, une somme de 3 à 4000 livres pour „les besoins pressants“ de l'hôpital.

[2]) Hist. du Cons. souv., VIII, p. 345. Le premier président de Klinglin, dont le caractère dominateur et altier est bien connu, ne paraît pas avoir été en trop bons termes avec le Procureur général. Il semble même heureux de pouvoir, à cette occasion, l'accuser de légèreté devant le Chef de la magistrature, sans se souvenir que durant l'espace de deux ans il avait été certainement très facile de remédier aux abus signalés dès 1754 dans le régime de l'hôpital. Voici comment il terminait son rapport : „Vous voyez, Mgr., par ce détail que si M. le Procureur général, avant de présenter son réquisitoire, eût fait ce que je viens de faire, il se serait bien gardé de prendre la voie de l'information et de faire un assez grand éclat, supposé qu'il n'ait d'autre motif que le bien et le bon ordre de cet hôpital. Il est certain, et je suis forcé de vous le dire, que si vous ne contenez pas M. le Procureur général, il est à craindre que sa légèreté ne le jette dans de nouveaux écarts, qui ne seront pas toujours aisés à redresser...“ Voir ce rapport, „Petite Gazette des tribunaux d'Alsace“. 1860, p. 141.

on fut plus humain pour eux dans la province, on cherchait néanmoins partout à s'en débarrasser le plus promptement possible. « Les malades, dit un rapport de 1788 au district de Schlestadt, se transportaient par corvée jusqu'à présent, de village en village, jusqu'au plus prochain hôpital militaire si c'étaient des soldats, ou chez eux. » Ce transport, qui ne se faisait pas toujours dans les conditions les plus favorables, était souvent la cause d'accidents graves, « comme il n'y en a malheureusement que trop d'exemples dans notre province ». M. Kauffmann, prévôt de Matzenheim, qui devint plus tard député aux Etats généraux, racontait un de ces « faits douloureux » ainsi qu'il suit : Il y a deux ans, disait-il, on lui amena à Matzenheim, par un temps affreux, un malade originaire de Sand. Ne le croyant qu'un peu souffrant, il le fit transporter à Osthausen; de là on le conduisit à Erstein. Le prévôt d'Erstein ne crut pas pouvoir le recevoir, parce que la communauté avait fait des dépenses considérables pour secourir ses pauvres et établir quelques lits pour ses malades seulement, et non pas pour les étrangers. Le malheureux fut donc ramené à Osthausen, puis encore à Matzenheim, et de là à Benfeld. De Benfeld on le dirigea sur Sand; « mais il mourut sur la charrette » pendant ce dernier trajet. M. Kauffmann ajoutait qu'il l'eut volontiers gardé à Matzenheim, s'il n'avait craint le mécontentement de sa communauté : Erstein et Benfeld étaient en effet plus riches que Matzenheim, et la charge d'un malade, même étranger, ne les eut nullement incommodés. Il se contenta donc, en le congédiant, de lui glisser quatre livres en poche.

Sous le rapport de l'administration, les hôpitaux militaires n'étaient guère supérieurs aux hôpitaux bourgeois. M. de Ségur, qui paraît s'en être beaucoup occupé, signalait à l'intendant M. de la Galaizière, dans une lettre du 30 juillet 1785, les abus suivants que les officiers généraux-inspecteurs lui avaient dénoncés : « 1° On ne voit aucun soin d'entretenir la propreté dans les cours, les escaliers, les salles et même les cuisines de ces établissements; 2° les fournitures de lits, et principalement les couvertures étaient en général, non seulement remplies de taches, mais la plupart presque délabrées; 3° les infirmiers auxquels il a dû être prescrit de nettoyer chaque jour toutes les parties du local et surtout les pots et les vases qui servent continuellement, s'en dispensaient, ou ne s'en acquittaient qu'imparfaitement, et au surplus la plupart d'entre eux n'apportaient, ni exactitude, ni les soins nécessaires aux soldats qui leur étaient confiés; 4° les chirurgiens chargés de la distribution des aliments, s'abstiennent d'en remplir l'office par eux-mêmes, abandonnant cette mission à des infirmiers qui pourraient commettre des méprises très dangereuses pour la situation des malades; et 5° les officiers de santé ne faisaient pas constamment leur visite du matin aux heures réglées, et ils se permettaient assez ordinairement de manquer à celles du soir. » Les ordonnances, dit le Ministre, ne sont plus respectées; ceux qui sont chargés de veiller à leur exécution, donnent l'exemple de la désobéissance. Il priait donc l'Intendant de rappeler à leurs devoirs les commissaires des guerres et les subdélégués qui avaient la police des hôpitaux militaires du département, et menaçait de punition exemplaire, même de destitution, médecins, chirurgiens, pharmaciens, infirmiers, domestiques, qui ne se conformeraient pas à l'avenir aux règlements. Le Ministre ne paraît pas avoir été écouté, en Alsace du moins. Voici les réflexions que suggère à l'auteur anonyme d'un voyage en Alsace en 1789, une visite à l'hôpital militaire de Strasbourg:

« Mon jeune compagnon a désiré voir un des hôpitaux militaires; mais la première salle a suffi à sa curiosité. Il m'a dit en sortant: ces pauvres soldats, comme on les traite!... Cette réflexion m'a jeté du noir et je n'ai pu écarter des souvenirs tristes. Un infirmier est un homme à qui, pour première et unique vocation, la pitié doit être inconnue; il faut qu'il soit sans ressource, parce qu'autrement il n'embrasserait pas, pour un petit salaire, la profession la plus dégoûtante, et même la plus abjecte, quand on ne la fait point par esprit de charité; c'est un homme, à qui ceux qui le commandent, ne donneraient pas un chien à tondre, et à qui l'on donne dans un hôpital cinquante lits à gouverner, c'est-à-dire cent ou cent cinquante malades à accélérer vers le cimetière [1]). Le directeur, il est vrai, ne veut pas qu'on guérisse; mais il ne désire pas qu'on meure. L'infirmier a d'autres intérêts; ce valet public est l'agent

---

[1]) Selon les ordonnances, chaque malade avait son lit; on en faisait cependant coucher deux dans le même lit, en cas de „foule", c'est-à-dire lorsque le nombre dépassait celui des lits, sauf en cas de maladie contagieuse: Cela se vit en 1783 à Strasbourg, Wissembourg et Schlestadt, lors d'une épidémie de fièvre et de dissenterie.

de plus sûr de l'homicide Atropos; il saura rendre inutile non seulement les ordonnances du médecin, mais les efforts sauveurs de la nature. La diète est en vain prescrite à ce malade contre la fièvre; l'infirmier lui vendra les aliments qu'on lui refuse. Que lui importe la vie d'un homme? Il en tuerait cinquante pour un rien. Remarquez cet imprudent, qui vient de nouer dans le coin de son mouchoir quelques pièces de monnaie; il les a laissées voir à son infirmier: c'en est fait, la sentence est portée; il la subira. Qu'une faiblesse fasse passer la sueur au front du malade, qu'elle retienne un moment sa respiration arrêtée, l'infirmier empêchera bien que le mouvement renaisse, et ramassant sur le visage de l'alité toutes ses couvertures, il l'étouffera en le fouillant; puis sur le soir, ayant compté les morts, ou les assassinés, il dit froidement: il n'y en a que trois douzaines aujourd'hui! Ne le décourage pas, scélérat, tu en feras demain un plus grand nombre. Toi, nos esculapes, et les entrepreneurs d'hôpitaux, vous empêcherez bien que ce monde-ci se peuple avec excès. Vous n'avez pas vu, Priscus, un médecin, faire en deux heures la visite de quatre mille malades; il court comme s'il fuyait devant une louve enragée. Quelques copistes de son latin barbare recueillent avec la plus coupable légèreté les ordonnances du docteur, et demain on donnera l'émétique à qui il n'était prescrit qu'une émulsion, ou l'on fera prendre un apozème à l'homme qui n'a besoin que d'un lavement pour tempérer la chaleur de ses entrailles. Visiterons-nous la salle des blessés? On n'y est ni plus réfléchi, ni plus humain. N'avons-nous pas des exemples qu'on a coupé une jambe saine pour celle qui ne l'était pas? Ne savons-nous pas qu'on ne tente jamais les moyens de guérir sans amputation? Il faut qu'on vous dissèque tout vif pour apprendre à de petits bouchers à se servir du scalpel: voilà le régime des hôpitaux militaires. Ce n'est point assez que l'entrepeneur, pour s'enrichir, altère les aliments et les remèdes, ou ne les donne, ni en qualité, ni en quantité convenables ¹); ce n'est point assez des erreurs ou de l'ignorance du médecin, des quiproquo de la pharmacie, de la

---

¹) Le 2 mai 1781, le gouvernement conclut avec le nommé J. X... un traité en vertu duquel celui-ci s'engageait à fournir les hôpitaux militaires du nord de la France, à partir du 1ᵉʳ juillet, pour une période de douze ans, de toutes les fournitures, aliments, médicaments, moyennant un prix fixe par journée de malade.

cruauté ou de l'inhabileté des chirurgiens, il fallait joindre à tous ses moyens de souffrance, ou de mort, l'adjudance des infirmiers » (juin 1789 [1]).

Toutefois, cette peinture paraît bien exagérée. Ainsi, d'après les comptes du régiment de la Marine, en garnison à Belfort, il y eut durant les huit premiers mois de l'année 1789, 3807 journées de malades à l'hôpital [2]) et 3937 à l'infirmerie; et l'on ne compta, durant ce temps et sur ce nombre, que onze décès. Mais quelques forcées que soient ces couleurs, on peut du moins, ce semble, en conclure avec vérité, qu'hôpitaux militaires comme hôpitaux bourgeois avaient un besoin urgent d'une réforme sérieuse. Cette réforme cependant, qui eut lieu ce semble, en partie du moins pour les hôpitaux royaux en 1788, était difficile pour les hôpitaux bourgeois, les seuls dont nous entendons parler, et cela pour deux raisons [3]).

D'abord les médecins et chirurgiens capables et dévoués n'abondaient pas alors dans la province. Ainsi la chancellerie de Ribeauvillé s'applaudit, en 1781 (10 décembre) et 1782 (9 février), de posséder à Ribeauvillé le médecin-physicien

---

[1]) Premier grand voyage avec Caroline Tulle, partie septième, N° 15, p. 247, ouvrage attribué à F. Martin ou Marlin, né à Dijon en 1742 et mort en cette ville le 15 décembre 1827 (Barbier, Dict. des anon., 3° édit., p. 989-365.) — Ce sont à peu près les accusations dont l'officier de santé, Frédéric Hammer, se fit l'organe le 7 nivôse an II à la société populaire de Colmar, contre l'administration de l'hôpital militaire de cette ville : „Je vous ai dénoncé, dit-il, dans votre dernière séance les traits infâmes qui se commettent dans notre hôpital envers nos braves défenseurs de la patrie, qui sont victimes de l'indolence et de la malveillance des infirmiers..... Je vous observai aussi que la plus grande partie du nombre des morts est causée par la mésintelligence ou méchanceté des infirmiers, qui n'attendent que l'instant où ces braves soldats vont expirer, pour aller voir promptement sous les chevets de leurs lits, croyant y trouver des assignats... J'ai été plus à même de voir que personne combien il y en a de lâches parmi ces infirmiers." — Frédéric-Louis Hammer, né à Neunstetten (Bavière) le 11 sept. 1762, devint officier de santé à l'hôpital militaire de Colmar. Ses convictions républicaines étaient si ardentes qu'il rougit de son prénom Louis, et le changea en celui de Libre; il ne signa plus à partir de l'an II que Frédéric-Libre Hammer. Il fut nommé professeur d'histoire naturelle à l'école centrale du Haut-Rhin en juillet 1796, passa en la même qualité à l'école centrale du Bas-Rhin en 1800, devint professeur à l'école de pharmacie de Strasbourg en 1804, puis professeur à la faculté des sciences de la même ville de 1809 à 1826, et mourut à Ingershof près Fünfstetten (Bavière), le 2 septembre 1837. (Voir de plus : Annales des professeurs des académies et universités alsaciennes, par M. Berger-Levrault, 1892.)

[2]) Il y en eut 2414 à l'hôpital régimentaire; les autres malades furent soignés à l'hôpital de charité de la ville et aux hôpitaux auxiliaires.

[3]) Il est évident que dans les hôpitaux qui ne recevaient ni malade ni pensionnaire, il suffisait d'une surveillance plus active et plus sévère de la part des autorités.

Busch, parce que, dit-elle, elle ne connaissait aucun bon médecin capable de le remplacer et qu'on ne pouvait guère avoir confiance dans les médecins des environs [1]). Nous ne savons si le chevalier de Jaucourt, célèbre médecin lui-même, a de gaieté de cœur dénigré ses confrères; mais voici ce qu'il écrivait dans l'Encyclopédie de Paris (1765): « Si l'on vient à peser mûrement le bien qu'ont procuré aux hommes, depuis l'origine de l'art jusqu'à nos jours, une poignée de vrais fils d'Esculape, et le mal que la multitude immense de docteurs

[1]) Dans une lettre à M. de Muhlenheim, la chancellerie parle de „la très grande rareté des hommes de l'art de son espèce"; et le décret du 9 février 1782 s'exprime aussi : „... So wird guth gefunden zu dessen allhiesigen Conservation, die nun da nothwendiger wird, als man keinen guten Medicum kennt, alles mögliches anzuwenden..." Radius s'était exprimé plus franchement dans la délibération secret du 10 décembre 1781 : „In der Nachbarschaft seie kein grosses Zutrauen zu haben; und die Beschwehrlichkeiten fremden Medicos zu hohlen, überwiegen auch den Zusatzen welchen Hr Dr. Busch zu seinem besseren Auskommen verlange." — Les villes et les bailliages avaient ordinairement des médecins attitrés: le sieur Busch, on vient de le voir, était médecin-physicien du comté de Ribeaupierre et de la ville de Ribeauvillé. Le sieur Metzger, en 1784, se qualifait de médecin-physicien du comté de Horbourg. En 1769, il y avait des physiciens spéciaux à Landau, Wissembourg, Haguenau, Saverne, Obernai, Strasbourg, Molsheim, Barr, Benfeld, Schlestadt, Kaysersberg, Colmar, Soultz, Turckheim, Rouffach, Massevaux, Ensisheim, Thann, Altkirch, Belfort, etc. Tous ces physiciens avaient des appointements, ou plutôt une pension, que leur faisaient les villes seules et les hôpitaux, où les villes et les bailliages, d'après la force des départements et le nombre moyen des malades; généralement ils devaient, en compensation, traiter gratuitement les pauvres. Obernai donnait 1000 livres et le logement; Benfeld 900 livres; Schlestadt 800 livres et 18 cordes de bois (deux médecins). Le docteur Meyer de Kaysersberg, qui fut député aux Etats généraux pour les dix villes, était chargé, comme ses prédécesseurs, du service médical dans la partie de la montagne comprise dans le département d'Ensisheim et Sainte-Croix; mais comme il était à ses débuts, il n'obtint que 150 livres par an. Le docteur Touvet, médecin-physicien de la ville et du département de Ferrette, avait 576 livres d'appointement, selon son contrat du 18 juin 1779. Le syndic Chauffour nous apprend que la ville de Colmar faisait à ses deux physiciens, l'un français, l'autre allemand, un traitement de 300 livres et six cordes de bois chacun par an. Le docteur Busch, dont il vient d'être question, eut à Ribeauvillé, à partir de 1781, environ 2000 livres d'appointements, soit : de la seigneurie 1100 livres en argent et en nature comme médecin de la cour, de la ville de Ribeauvillé 300 livres et des bailliages 600 livres. Auparavant il avait 450 à 500 livres seulement de la seigneurie, sans compter le traitement particulier que la ville de Ribeauvillé lui faisait. Il avait trouvé à Strasbourg une place de médecin-praticien, avec pension de la ville sans doute, et se proposait de quitter Ribeauvillé, „da er hingegen jährlich allhier von dem seinigen zusetze und in dem Alter sich dem Kummer und der Armuth unterworfen sehen müsste"; jusqu'alors il s'était contenté d'un si mince traitement parce qu'il n'était pas marié. On voit à quelles conditions la chancellerie l'amena à renoncer à son projet et à rester à Ribeauvillé. — Les corps et communautés avaient également leurs médecins pensionnés; ainsi le docteur Lang était médecin de l'abbaye de Pairis et touchait une pension annuelle de 72 livres, outre ses visites bien entendu (1789).

de cette profession a fait au genre humain dans cet espace de temps, on pensera sans doute qu'il serait beaucoup plus avantageux qu'il n'y eut jamais eu de médecin dans le monde. C'était le sentiment de Bœrhave, l'homme le plus capable de décider cette question, et en même temps le médecin qui depuis Hippocrate a le mieux mérité du public. » Toutefois il se trouvait encore chez nous des hommes de science et de dévouement. Le docteur Morel de Colmar s'instruisait à l'école de son père, qui était alors médecin de l'hôpital. Le magistrat de Colmar professait une haute estime pour le docteur Lang, parce qu'il avait « rendu les plus grands services dans la maladie épidémique qui a régné en cette ville », en 1784. Lorsque son frère, avocat au Conseil, fut élu stettmeister en 1788, le magistrat vit dans cette élection un acte de reconnaissance envers le médecin « pour les grands services rendus à la bourgeoisie de cette ville dans le temps des grandes maladies qui y ont régné. » A Belfort le docteur Carlhan, médecin du roi à l'hôpital militaire, trouvait encore le temps de se dévouer à l'hôpital bourgeois [1]. « Je vous salue, s'écrie avec enthousiasme l'auteur de l'« Essai de l'histoire littéraire de Belfort », je vous salue, docteur Carlhan, le père des pauvres! Chargé des deux hôpitaux de notre ville, vous y fîtes régner l'ordre, la propreté, les soins délicats. C'est à vous que l'hospice civil, alors connu sous le nom d'hôpital bourgeois, est redevable de sa belle pharmacie, preuve de votre désintéressement. C'est vous qui enseignâtes la médecine diététique et la manière de suivre les diagnostics et les différentes crises d'une maladie à ces vestales chrétiennes... » qui avaient remplacé les infirmières laïques. On peut encore citer J.-B. Ventrillon, qui rendit de grands services lors de l'épidémie de fièvre putride de 1780, aux environs de Belfort [2]. Lavie, le fougueux Lavie, député aux Etats-généraux, traitait gratuitement tous les malheureux à Danjoutin où il avait son domicile [3]; était-il médecin ou simplement chirurgien? Nous ne le savons. Le chirurgien Hamberger d'Ammerschwir (mort en 1783), soignait sans rétribution les malades de l'hôpital, d'après le magistrat. Duringer, pharmacien à Alt-

---

[1] Joseph-Ant. Carlhan, né à Briançon, mort le 2 juillet 1765 à Belfort, âgé de 65 ans. Il est l'auteur d'une topographie médicale de Belfort. (Essai de l'hist. litt., page 49.)

[2] Essai sur l'hist. litt., page 50.

[3] „Revue d'Alsace", p. 161—1852.

kirch, qui portait le titre de chirurgien-juré de la ville et baronie d'Altkirch (1787), était un homme de bien : « Le suppliant, dit le bailli Clavé chargé de vérifier sa requête, est un brave homme ; je sais qu'il soigne les malades pauvres, qu'il donne bien des remèdes gratis aux gens qui ne sont pas aisés » ; etc.

En second lieu, par suite du manque de médecins, ou du manque de dévouement dans les médecins, les directeurs d'hôpitaux et leur personnel n'étaient ni dirigés, ni surveillés : surveillance et direction d'autant plus nécessaires cependant, que ce personnel était plus ou moins bien composé. Le métier d'infirmier n'avait par lui-même rien d'attrayant. Et sans aller jusqu'à prétendre que tout infirmier était nécessairement bandit, assassin ou bourreau, comme on vient de le lire, on peut croire néanmoins qu'un homme devait se trouver presque à bout de ressources pour embrasser, moyennant « un petit salaire, la profession la plus dégoûtante et même la plus abjecte, quand on ne la fait point par esprit de charité ». Cette profession exige, à tout moment, une générosité, une abnégation et un dévouement extraordinaires, capables de vaincre des répugnances qui soulèvent la nature. Comment les trouver dans celui qui est uniquement sensible à son intérêt et qui n'est pas surveillé ? En supposant même un honnête homme, très attaché à ses devoirs professionnels, il y aura encore une différence énorme entre celui qui soignera les malades à cause du salaire qu'il reçoit, et celui qui s'immolera par charité et servira Dieu dans les malheureux. Voilà pourquoi tous ceux qui avaient à cœur les véritables intérêts des pauvres, ne négligeaient point l'occasion de confier les hôpitaux à l'une ou l'autre de ces congrégations hospitalières, qui surgirent de tous côtés sur le sol de France, à l'exemple des admirables Filles de la Charité de Saint-Vincent-de-Paul.

En 1752, les administrateurs de l'hôpital bourgeois de Belfort s'adressèrent à l'Archevêque de Besançon et lui demandèrent des religieuses de l'Institut de Sainte-Marthe, pour leur confier la direction de cette maison. Cet Institut prit naissance à Beaune en Bourgogne, et était très répandu dans le diocèse de Besançon ; aussi n'avait-il à ce moment aucun sujet disponible. L'Archevêque conseilla donc aux administrateurs de choisir deux demoiselles et de les envoyer à l'hôpital de Vesoul, où elles pourraient se former à la vie de dévouement à laquelle elles étaient destinées et faire leur noviciat [1]). Ce conseil fut suivi, et leur temps de probation achevé, les deux novices firent leur profession à la chapelle de l'hôpital Sainte-Barbe à Belfort, le 22 octobre 1754. Depuis lors cet hôpital fut desservi par les religieuses de Sainte-Marthe. Plusieurs d'entre elles payèrent de leur vie leur dévouement au service des pauvres [2]). Elles étaient ordinairement six. Mais durant la Révolution leur nombre fut réduit. Cependant, même aux plus mauvais jours, une sœur put toujours demeurer à l'établissement, de sorte que lorsque les temps devinrent meilleurs, elles reprirent toutes en silence leur vie d'abnégation et de sacrifice. Le Conseil municipal de Belfort rendit hommage à leur dévouement (4 septembre 1809): Les sœurs, dit-il, n'avaient aucun traitement; « elles ont trouvé de quoi faire face à leur nourriture, et à toutes les dépenses nécessaires à l'hôpital, dans leur stricte économie, dans l'excellente administration de madame la supérieure et dans leur frugalité »[3]).

En 1790 la municipalité de Colmar, sur la proposition du bureau de charité, se détermina à confier l'hôpital de cette ville aux sœurs de charité. Voici la délibération qui fut prise à ce sujet; elle indique les motifs de cette décision:

« Séance tenue à l'hôpital bourgeois de cette ville le 19 mars 1790. — Aujourd'hui, nous, maire et officiers municipaux, nous étant transportés, accompagnés du procureur-syndic de la commune, en l'hôpital bourgeois de cette ville, à l'effet d'en vérifier l'état actuel, tant relativement aux soins et entretien que l'on fournit aux pauvres qui y sont reçus, que relativement à la propreté que l'hôpital exige, et l'inspection et la régie de l'intérieur de la maison; nous étant à ce sujet concertés avec messieurs les commissaires nommés pour tenir le bureau de charité, et fait rendre compte de la situation des

---

[1]) Ce furent Anne-Marie Pierron, sœur de M. Pierron, plus tard curé de Belfort, et Anne-Joseph Béralet. Anne-Marie Pierron ne put rester et fut remplacée par Marie-Thérèse-Françoise-Siméon Fournier de Labarre, fille de Joseph Fournier, seigneur de Labarre et Vandelans („Revue d'Alsace", 1851, p. 521).

[2]) Il y en eut qui moururent d'excès de fatigues et de travail comme la sœur Conder d'Altkirch et la sœur Marvilet de Saint-Albin-sur-Saône. — On cite aussi la mère Dandré, fille d'un riche droguiste de Besançon, qui préféra le service des pauvres à la jouissance d'une grande fortune et aux aises qu'elle aurait pu y trouver. Elle donna de „grands exemples de douceur et de patience envers les malades et ses sœurs"; elle était l'une de celles qui furent initiées par le docteur Carlhan aux soins à donner aux malades.

[3]) „Revue d'Alsace", 1852, p. 168.

différentes parties de l'administration; nous avons reconnu que cette administration se trouvait négligée dans toutes ses parties, la maison surchargée et qu'il n'y régnait ni ordre, ni subordination, ni propreté. Délibérant sur les moyens les plus propres à remédier aux abus et aux désordres auxquels cette maison a été exposée si longtemps, nous avons trouvé qu'il serait à désirer de pouvoir réunir la recette, l'inspection du dehors et la surveillance des biens de l'hospice en une seule et même personne »; mais jusqu'à ce que ce projet puisse se réaliser, le sieur Hochstetter, receveur, continuera comme par le passé à faire la recette et la dépense. — « A l'égard de l'inspection et surveillance intérieure de la maison, nous l'avons conférée aux sœurs Josèphe Bruno et Marie-Anne Farrenbiehler, dites sœurs de charité, lesquelles nous avons installées à cet effet, en conformité de notre arrêté du 13 mars courant, les chargeant de surveiller exactemment toutes les parties de l'administration et d'économie intérieures, en particulier les salles des malades et des enfants orphelins; de faire rapport de tout ce qu'elles trouveront nécessaire et utile pour le bien-être de l'hôpital et des pauvres malades et orphelins y reçus; à quel effet ladite sœur Josèphe Bruno aura séance au bureau de charité et prendra part à ses délibérations. A l'égard de F. Kessler, économe dudit hôpital, et de sa femme, nous avons arrêté que ledit Kessler continuera aussi, et en attendant qu'il en sera autrement ordonné, d'avoir comme du passé le soin des biens et de ce qui est de l'économie extérieure, tout comme sa femme de ceux de l'économie intérieure, conjointement avec et sous lesdites sœurs de charité. Touchant les enfants orphelins et les malades de la confession d'Augsbourg qui se trouvent audit hôpital, seront chargés les Père et Mère commis desdits orphelins, infirmiers et infirmières de la même confession de veiller avec soin à tout ce qui peut toucher leurs fonctions et de prêter et faire prêter aux pauvres malades et orphelins tous les secours, tant temporels que spirituels, dont ils auront besoin, sous la surveillance et direction cependant desdites sœurs pour ce qui regarde le temporel. »

Il était temps que l'ordre et l'économie régnassent enfin dans l'administration de l'hôpital. D'un côté le nombre de pauvres augmentait tous les jours. L'hôpital en était surchargé: cet « état, dit une délibération du 12 juillet 1790, commencerait sa ruine, si l'on ne trouvait à y remédier par une économie sagement ménagée ». D'autre part, les recettes diminuaient dans une proportion inquiétante, si bien que le 11 décembre 1790 on fut obligé de réduire de moitié les aumônes externes distribués aux nécessiteux du dehors. Cette mesure ne put être rapportée comme on en avait le dessein, parce que tous les fonds qui étaient encaissés se payaient en assignats; et le receveur, pour pourvoir à ses engagements « et à la dépense journalière et indispensable qui ne peut être faite qu'en deniers comptants », perdait nécessairement au change et diminuait d'autant le produit net de ses recettes déjà réduites (1ᵉʳ juin 1792). Le dévouement des sœurs fit face à toutes les nécessités, si bien que dans l'arrêté du 14 juin 1792, par lequel la municipalité leur signifia leur congé, elle se déclarait « particulièrement satisfaite de l'administration économique des sœurs de l'hôpital ». On les expulsait, parce qu'elles se refusaient absolument « d'employer leur surveillance et leur autorité, et d'inspirer aux enfants orphelins sous leur direction des sentiments de religion et de respect » pour le nouveau culte constitutionnel. Quoi qu'il en soit, ce fut la première fois depuis fort longtemps, sinon la seule fois, que le pouvoir municipal de Colmar, après une expérience sérieusement faite, se déclarait par un arrêté officiel, non seulement satisfait, mais *particulièrement* satisfait de l'administration de l'hôpital, et dans une circonstance, où pour justifier plus parfaitement la rigueur dont il faisait preuve vis à vis des sœurs, il était de son intérêt de rejeter sur elles toute espèce de torts, pour peu que les apparences leur eussent été défavorables. Mais précisément parce que la municipalité était « particulièrement satisfaite », elle désirait conserver ces sœurs dont le zèle était au-dessus de tout éloge; et dans ce but, avant d'agir, elle épuisa « à leur égard l'honnêteté, la douceur des procédés, pour les déterminer à ne pas contrarier le vœu de la loi par des instigations secrètes semées parmi les enfants qui leur sont confiés. Ces procédés ont été accompagnés de représentations les plus amicales, afin de les éclairer sur le but de leurs soins et de détacher de leur surveillance tout ce qui concerne la célébration du service divin à l'hôpital », afin de leur laisser la liberté de conscience la plus absolue, conformément à la loi, etc. Mais comme « les sœurs économes » avaient répondu « ne pouvoir en conscience coopérer à la célébration d'un culte contraire à leurs principes et à leur opinion, qu'elles pouvaient encore moins engager dans une voie d'erreur et d'hérésie des enfants dont le jugement n'était pas assez mûr pour se guider eux-mêmes; qu'elles croyaient même de leur devoir de leur inspirer de l'éloignement pour la doctrine et les pratiques dangereuses auxquelles on prétendait les assujettir », la municipalité arrêta « que les dames sœurs économes de l'hôpital seraient remerciées de leurs services, en conséquence invitées d'évacuer l'hôpital de cette ville dans le délai de vingt-quatre heures. »

Billing, dans sa chronique, rapporte très exactement, à la date du 16 juin 1792, la cause du renvoi des sept sœurs de charité de l'hospice [1]). Mais lorsqu'il raconte leur admission et leur installation au 13 mars 1790, il ajoute: Ihre Zahl vermehrte sich in Kurzem auf 8... Man ward ihrer bald überdrussig, weil sie auf Kosten des Spitals mit ihren Lieben und Getreuen praszeten [2]). Billing ramasse et enregistre avec complaisance ni plus ni moins qu'une misérable calomnie qu'il ne vaut pas la peine de discuter. Chaque fois qu'une question, ou qu'un fait quelconque, touche au catholicisme de près ou de loin, Billing est aveugle et passionné. Il accuse souvent de fanatisme les catholiques, qu'il considère comme des ennemis; mais eut-il raison, on avouera que de son côté il ne perd pas la moindre occasion de leur rendre, et toujours avec usure, la monnaie de leur pièce [3]).

L'hôpital de Massevaux avait été également confié à des Religieuses, nous ignorons à quel moment précis. Mais autant la municipalité était satisfaite de leur économie, autant le curé constitutionnel, dont elles ne goûtaient pas les doctrines, les haïssait cordialement. Voici en quels termes il les dénonce à l'évêque Martin et appelle sur leurs têtes les foudres de l'administration :

« Monsieur et très digne évêque. Il ne sera peut-être pas inutile, et même le serment que j'ai prêté d'être fidèle à la loi semble m'imposer l'obligation de vous instruire des faits suivants, afin que vous puissiez vous même instruire Messieurs les administrateurs du Département. Depuis longtemps le cœur

---

[1]) Sigismund Billing, Kleine Chronik, 1891, p. 286.
[2]) Ibid., p. 256.
[3]) Nous aimons à croire, avec son éditeur, que ses notes n'étaient pas destinées à être publiées: Billing sans doute y consignait, soit ses sentiments personnels, soit ceux de son entourage, ou les bruits qu'on lui rapportait, sans trop en vérifier l'exactitude.

me saigne de voir l'hôpital de cette ville desservi par trois
sœurs grises toujours embeguinées, lesquelles abusent indigne-
ment de leur place et de la confiance du public. Dès le commencement de la Révolution, elles se sont signalées parmi la
horde aristocratique de cette ville par des excès de fanatisme
qui n'ont pas peu contribué aux troubles qui ont agité notre
cité depuis près de quinze mois. Les revenus de cette ville,
le patrimoine des pauvres, abandonné lâchement entre des
mains plus que mercenaires, sont dissipés pour l'entretien et
la subsistance des traîtres. Cette maison fondée pour être
l'asile des malheureux, n'est plus aujourd'hui que le repaire
des prêtres ennemis de la patrie, et les biens consacrés pour
le soulagement de l'humanité souffrante, sont devenus plus
d'un an la proie d'une tourbe vorace de prêtres séditieux. Tels
sont en partie les abus dont j'ai l'honneur de vous instruire;
et plut à Dieu que ce fussent là les seuls, qui sous le règne
de la justice et de la légalité nous désolent encore dans notre
malheureuse ville! Je ne vous parlerai pas des repas somp-
tueux, les vins exquis et délicats, liqueurs et cafés, qui sont
servis à ces Messieurs avec une profusion vraiment scanda-
leuse; tandis que d'un autre côté des malades exténués font
une diète forcée. J'ai vu quelquefois des moribonds abandonnés seuls dans une étable, dénués de tout secours et dont la
situation aussi touchante que déplorable, firent appeler à grands
cris un trépas précipité, qui seul pouvait terminer une vie
traînée dans la misère. Oui, je me suis vu moi-même n'obtenir qu'avec peine l'entrée audit hôpital, et peu s'en est fallu
que je ne fusse obligé de les aller administrer dans l'écurie;
tandis que je voyais, en frémissant, une secte proscrite (que
je ne voyais vivre et ne se nourrir que de désordres et de
troubles et de discordes, partout où elle porte ses pas ensan-
glantés), dévorer à longs traits les moyens de subsistance qui
n'étaient dûs qu'à ceux-là. Il y avait, entre autres, surtout un
triple de bons gros disciples, soit-disant Saint-François, à double menton, ci-devant Récolets, lesquels ont rôdé près d'une
dizaine de mois dans les environs, et dont deux sont émigrés
depuis près de trois mois, et le troisième, qui est originaire
de cette ville, se dit malade pour ne point être obligé d'obéir
à l'arrêté du Département, quoiqu'il dise la messe. Ces Messieurs, familiers avec la besace, avaient un talent éminent sur
les autres, d'escroquer aux bonnes filles grises tout ce qu'il y

avait de meilleur dans leur maison; et les sœurs charitables, pour soulager les accès fréquents d'une sainte et terrible altération de ces Pères, ont vidé les tonneaux de l'hôpital sans presque s'en apercevoir. Cet événement aurait décontenancé les sœurs, si les Pères astucieux ne les avaient tirées d'affaire: ils ont persuadé aux bonnes sœurs de répandre le bruit dans la ville, comme si, pendant la nuit, l'on était venu leur voler le vin. Cette supercherie était un peu trop grossière, que pour en imposer à la foule qui connaît leur petite histoire. Après le petit tableau que je n'ai fait qu'ébaucher faiblement, l'on peut juger du traitement que reçoivent les malheureux connus sous le nom de patriotes, qui dans la grammaire des sœurs signifie autant que schismatiques. Je n'ai osé dévoiler plus tôt ce mystère d'iniquité, car la municipalité étant absolument aristocrate, je me serais attiré non seulement la haine de ces Messieurs (que j'ai déjà depuis que j'ai juré d'être fidèle aux lois de la patrie), mais encore toutes sortes de mauvais traitements et persécutions, desquels, ni mon morne et patient silence, ni ma tolérance excessive n'ont pu me mettre à couvert. Le maire et le procureur de la commune étant les seuls qui viennent à ma messe, il est aisé de sentir combien les autres municipaux s'intéressent chaudement des sœurs qui secondent si vigoureusement leurs vues sinistres. Et malheureusement le receveur des deniers de l'hôpital est un de ces municipaux acharnés contre la constitution: il aurait tout donné pour l'entretien de Messieurs les réfractaires. Ainsi de tout temps le curé présidait l'assemblée lors de la reddition des comptes d'icelle; mais moi, l'on ne m'y a pas seulement appelé, 1° parce que je suis constitutionnel, 2° parce qu'on prévoyait bien les inconvénients qu'il y aurait d'y voir un argus capable de les harceler; de sorte que cette même municipalité a fait tout cela toute seule. Ne serait-il pas nécessaire, urgent même d'examiner et vérifier les comptes?... » (28 août 1792.) Cette lettre, qui est signée: Weiss, curé-citoyen, porte sa réfutation en elle-même; inutile de nous y arrêter [1]). Le Département vengea-t-il

---

[1]) Le curé-citoyen continue à dénoncer sur le même ton d'autres „moines mendiants et satellites du pape", le médecin Thaler qui eut mérité, d'après lui, d'être officier municipal, etc.; il prie l'évêque de „débarasser" son troupeau de ces „loups", sans quoi la paix ne sera jamais possible, et de faire en sorte que les municipaux, n'ayant „plus de messes de réfractaires", soient obligés d'assister à ses offices, etc.

le sieur Weiss de ses déboires et de ses déceptions, en expulsant les Religieuses de l'hôpital? Nous l'ignorons. En tout cas, pour ternir leur réputation, il faudrait un autre témoignage que celui d'un curé constitutionnel, fût-il le bouillant curé-citoyen de Massevaux.

V.

Au siècle dernier, on s'est toujours plaint de l'insuffisance des hôpitaux et surtout de l'insuffisance de leurs revenus, eu égard au nombre des malheureux; mais on se plaignait encore davantage des mendiants, c'est-à-dire de la quantité de ceux qui aimaient mieux demander l'aumône que travailler, dont l'unique profession était de tendre la main et de vivre aux dépens de la charité publique. Les ordonnances paraissent avoir considéré la mendicité presque comme un crime; elles punissaient du moins les mendiants de la peine des galères et du bannissement [1]. En 1764, une déclaration du Roi, en date du 3 août, pour extirper enfin le fléau de la mendicité, voulut « l'attaquer jusque dans sa source, en substituant à la peine du bannissement celle des galères à temps pour les valides, et celle d'être renfermé pendant le même terme pour ceux que leur âge ou leurs infirmités ou leur sexe ne permettent pas de condamner aux galères » [2]. Cependant cette déclaration ne fut pas « exécutée complètement et avec l'exactitude que son utilité exigeait, sous le prétexte que dans la plupart des provinces les hôpitaux ne sont pas suffisamment rentés et qu'ils n'ont pas de lieu de force assez sûr pour recevoir ceux des vagabonds qui, aux termes de la loi, doivent être condamnés à y être renfermés ». Aussi un arrêt au Conseil d'Etat du 21 octobre 1767, ordonna l'établissement dans toutes les généralités du royaume de « maisons suffisamment

[1] Voyez Ord. d'Alsac , I, p. 116, décl. 11 juillet 1682; p. 162, décl. 12 octobre 1686; p. 164, décl. 28 janvier 1687; p. 215, arrêt de régl. 14 novembre 1693; p. 300, décl. 25 juillet 1701; p. 576, décl. 11 juillet 1722; p. 615, décl. 18 juillet 1724. — Tome II, p. 364, ord. 20 octobre 1750, etc.

[2] Ord. d'Alsace, II, p. 672. — Les hommes valides de 16 à 70 ans commencés étaient condamnés une première fois à cinq ans de galères, une seconde fois à neuf ans et la troisième fois à perpétuité. Les hommes infirmes, les filles et les femmes étaient enfermés dans un hôpital durant le même espace de temps. „Ce n'est que par la sévérité des peines, disait l'arrêt, que l'on peut espérer de retenir ceux que l'oisiveté et la fainéantise pouvaient engager à continuer ou à embrasser ce genre de vie.‟

fermées pour y retenir les vagabonds et gens sans aveu qui, conformément à ladite déclaration, seront condamnés à y être enfermés [1]. » En Alsace, les bâtiments du collège des Jésuites d'Ensisheim, vacants depuis la suppression de la compagnie, furent transformés et devinrent le dépôt de mendicité de la province. L'établissement de cette maison paraît avoir effrayé les mendiants dans le principe. Une ordonnance de M. de Blair du 31 décembre 1769 le constate : de crainte d'être arrêtés et conduits au dépôt, dit l'ordonnance, les mendiants ne quittent plus le lieu de leur domicile. Ce n'est pas ce dont se plaignait l'Intendant. Mais il paraît que des magistrats ou des prévôts avaient admis à la résidence un grand nombre d'étrangers pauvres qui tombaient ainsi à la charge du public dans les communautés. Aussi l'Intendant ordonnait l'arrestation immédiate de tous ces étrangers, à peine pour les prévôts et magistrats de payer eux-mêmes leur entretien de trois mois, à raison de cinq sols par jour. De plus l'Intendant renouvelait la défense de mendier faite par les ordonnances aux valides, et voulait qu'on les traitât comme les étrangers s'ils refusaient de travailler. Quant aux invalides, ils devaient être entretenus par la caisse des revenus patrimoniaux des communautés où ils avaient leur domicile.

Jusqu'en 1776, la province profita de ce régime, sans y contribuer pour quelqu'argent que ce fut. En cette année, un arrêt du Conseil d'Etat du 10 novembre lui imposa, pour subvenir aux frais de la mendicité, une nouvelle contribution qu'il fixa à trois deniers par livre « du montant du principal, tant de la subvention que des autres impositions ordinaires et extraordinaires, répartis au marc la livre de la subvention ; et par le calcul des impositions de ce genre alors existantes, l'imposition totale » fut portée à 23.000 livres, plus 11 deniers de taxation, savoir 4 pour le receveur général, 4 pour le receveur particulier et 3 pour le collecteur [2].

[1] Ord. d'Alsace, II, p. 768. Cet arrêt fut publié en Alsace par ordre de l'Intendant le 3 février 1768.

[2] En moyenne, durant huit années, dont la dernière était 1787 ou 1788, il fut levé par an 29,069 livres 10 s. 6. Cette imposition resta toujours fixée au même taux ; si les dépenses du dépôt surpassaient cette somme, elles étaient pour le surplus à la charge de la caisse générale de la mendicité. — Une ordonnance du 30 juillet 1777 confirma de nouveau toutes les lois en vigueur au sujet de la mendicité et spécialement les déclarations de 1724 et de 1764 ; elle créait des ateliers de charité pour les mendiants valides, accordait des secours aux hôpitaux

Le dépôt de mendicité demeura toujours sous l'autorité et la direction de l'Intendant; au point de vue matériel il était très bien tenu. L'Administration provinciale, qui n'en obtint jamais la haute surveillance malgré ses démarches, y envoya des commissaires pour se rendre compte de l'état de cette maison. Voici en quels termes la Commission intermédiaire résume leur rapport dans son *Précis :* « On ne peut contester, ni à l'entrepreneur ni au directeur, que le plus grand ordre ne règne dans cette administration. Le Roi paie à l'entrepreneur une somme de cinq sous par jour pour la nourriture de chaque malheureux qui y est enfermé. On les met en outre à même de faire quelque travail, et le sixième du prix leur en est donné à titre de gratification dont ils peuvent disposer. Les cinq autres sixièmes font profit au Roi et en diminution de l'espèce de pension qu'il paie. La nourriture est aussi bonne que le prix peut le permettre. Les salles où couchent les prisonniers, celles où ils travaillent, les infirmeries, les cuisines sont tenues avec une propreté qui mérite d'autant plus d'éloges, qu'elle se trouve rarement dans les lieux de cette espèce [1]. » Pour bien apprécier la valeur de ce témoignage, il faut se souvenir que la Commission intermédiaire ne ménageait guère l'Intendant: afin de parvenir à le supplanter en tout, elle aimait trop à faire ressortir les abus vrais ou prétendus de son administration.

Mais ne trouvant rien à reprendre au régime matériel, elle attaqua, avec raison il faut bien l'avouer, « le régime moral de cet établissement ». Le dépôt servait en effet de maison de correction et même de maison de force. En 1787, le Conseil souverain eût bien aimé pouvoir y faire enfermer les femmes et les filles qu'il condamnait à la maison de force de Strasbourg, parce que à Strasbourg, elles « n'étaient pas gardées

pour recevoir les invalides, et prenait des mesures pour faire remettre à leurs familles ou à leurs communautés les pauvres qui seraient surpris mendiant : dans la quinzaine chacun devait se choisir un état, ou s'il était loin de chez lui, prendre un passeport; passé ce délai, tout mendiant devait être arrêté, mis en prison et jugé selon la rigueur des ordonnances. „Sa Majesté, disait l'ordonnance, n'a pu qu'être étonné qu'il put exister encore des mendiants!“

[1] Précis des opérations de la C. int... 1789, p. 36. En 1789, le contrat de l'entrepreneur avait pris fin, et le régisseur de la maison, ou le directeur si l'on veut, fit la dépense lui-même. En cette année les recettes, y compris l'imposition, s'élevèrent à la somme de 29,728 liv. 3, 5 1/4, et les dépenses furent de 29,375 liv. 13, 1 1/4.

avec assez de vigilance et que la plupart trouvait moyen de se sauver ». Mais il n'osa le faire, parce que ce parti aurait pu « souffrir des oppositions de la part de M. l'Intendant, qui a l'administration de cette maison, qui dans le fond n'est pas une maison de force » [1]). Néanmoins, comme le remarquait M. de Holdt, les commandants de place y faisaient détenir des filles de mauvaise vie. D'après les comptes, on y enfermait des galériens et même des fous que sans doute il eût été dangereux de laisser en liberté; et la Commission intermédiaire, nous assure qu'on y trouvait encore, outre les mendiants et les vagabonds, des « libertins auxquels on veut infliger une correction, enfin les enfants trouvés » [2]). Des salles différentes contiennent les deux sexes, continue la Commission, mais aucune distinction ne les sépare entre eux : enfants et vieillards, mendiants et débauchés, malheureux ou coupables, sont confondus ensemble. L'enfant trouvé lui-même, dont l'âge atteste l'innocence, n'éprouve aucune distinction; il est contraint de vivre parmi ceux qu'une punition méritée a séquestrés de la société. De plus, « les enfants trouvés, une fois recueillis dans la maison, ne pouvaient plus recouvrer la liberté, que par un heureux hasard. Les commissaires de la Commission intermédiaire y ont vu un de ces infortunés enfermé à l'âge d'un an,

[1]) Journal du palais, I, p. 453, 22 février 1787.
[2]) La Commission paraît avoir ignoré combien la maison d'Ensisheim était utile à certains seigneurs : 2 novembre 1781. H. Geheimrath Radius meldet dass der Brigadier M. von Schlestadt, neuerdings in dem Mariakircher Thal, etliche criminal Processen verhütet, welche gnädigster Herrschaft einige hundert Thaler hätten kosten können, dass er die Delinquenten unter dem Schein der Mendicität und des Vagabondage, nach Ensisheim geführt; der Brigadier habe ihm auch zu erkennen gegeben, dass er einige Ohmen gemeinen Tischwein bedürfe." Résolution : on lui donnera 5 à 6 mesures, selon la capacité du tonneau. D'autre part le lieutenant de maréchaussée X. terminait une lettre à la chancellerie, en date du 6 janvier 1773, ainsi qu'il suit : „Au surplus, Messieurs, je vous prie d'être assurés que je ne perdrai jamais de vue la reconnaissance que je dois à la sérénisime seigneurie, tant en ménageant autant qu'il dépendra de moi les frais de procédure qui pourraient tomber à sa charge, qu'en saisissant avec empressement toutes les occasions de lui prouver mon respectueux attachement, et le zèle le plus ardent à lui rendre tous les services qui pourront dépendre de moi." Ces promesses n'étaient pas lettre morte. Ainsi le nommé G. du val d'Orbey était devenu fou. Pour éviter à la seigneurie les frais d'entretien qui eussent été à sa charge, le procureur fiscal le dénonça comme vagabond à la maréchaussé : elle eut la complaisance de l'arrêter et de le faire enfermer à Ensisheim. Le procureur fiscal agit d'après les ordres de la chancellerie, qui par sa délibération du 6 février 1777 l'avait autorisé à donner „une gratification à la maréchaussée... au cas que l'emprisonnement dans la maison d'Ensisheim aura lieu." Certes ce n'est pas au profit des seigneurs qu'avait été créé le dépôt, malgré leurs gratifications.

se jeter à leurs genoux, pour demander la fin d'une captivité de dix-sept ans, dont le malheureux ne pouvait pas même connaître le motif, bien loin de l'avoir mérité. Dans la forme actuelle de cet établissement, ces abus ne peuvent que se renouveler fréquemment » [1]).

La question de la mendicité fut soumise à l'Assemblée provinciale à la séance du 8 décembre 1787. M. Horrer, au nom du bureau du bien public, fit la lecture du rapport suivant :

« Il nous reste, Messieurs, à traiter un objet si hérissé de difficultés et dont cependant la discussion est si urgente, qu'il est indispensable de prendre un parti et de ne rien négliger pour rencontrer le bon. C'est de la mendicité que nous entendons parler. Cette hydre toujours renaissante a éludé les soins du Gouvernement, résisté aux inquisitions de la police, excité le zèle des meilleurs écrivains, mérité l'attention des académies qui ont proposé des prix aux ouvrages qui indiqueraient les meilleurs moyens de parvenir à son extirpation. L'avilissement des cœurs élevés dans la fainéantise a été plus fort que les lois ; en vain ont-elles foudroyé le monstre, il existe et se montre partout. Au spectacle affligeant de la misère, il réunit la crainte des crimes dans lesquels il entraîne. Nous ne pouvons encore vous proposer de le détruire : nous ne voulons que l'enchaîner.

« M. le comte de Waldner, qui a consacré sa vie au service de son Roi, à la gloire de son pays, au soutien de l'honneur d'un nom illustre, veut couronner sa noble carrière en secourant l'infortune et proscrivant l'oisiveté. Sous le titre modeste d'*Essai sur la mendicité en Alsace*, il nous propose quelques moyens qu'il croit, pour le moment, les plus doux comme les plus efficaces, sinon pour extirper, du moins pour arrêter les progrès de la mendicité et prévenir les désordres dont elle est la source. Nous vous invitons, Messieurs, à ne point per-

---

[1]) Précis... p. 37. La Commission insinuait en outre que „si l'administrateur ne poussait pas toujours la délicatesse à un point extrêmement rare, ne pourrait-on pas craindre que, retirant un bénéfice de l'ouvrage que font les prisonniers, il n'eût un intérêt à conserver les moins coupables, comme les plus aptes au travail ?" C'est une possibilité qu'elle n'appuie sur aucun fait ; à ce compte-là, on peut trouver des abus bien facilement partout. — Le Conseil général et le Directoire du département firent plus tard un règlement pour réprimer plusieurs désordres sur lesquels ils ne nous donnent aucun détail ; nous savons seulement que le personnel dirigeant s'appropriait les produits du jardin, (15 novembre 1790, 27, 31 juillet, 16 août 1790.)

dre de vue que le règlement qu'on ose vous proposer n'est que provisoire. L'émulation, le travail, l'instruction, l'établissement d'ateliers de charité sont sans doute les seuls moyens d'extirper la fainéantise, et par conséquent la mendicité. En attendant que vous puissiez efficacement vous occuper de ces grands et importants objets, M. le comte de Waldner vous propose :

« 1° De faire requérir par Messieurs les Syndics l'exacte observation des lois publiques, règlements, ordonnances et arrêts, tant du Conseil souverain d'Alsace que de Messieurs les Commandants et Intendants de la province concernant la mendicité ;

« 2° De faire inviter les corps de métier de pourvoir aux besoins des apprentis ou compagnons qui voyagent pour s'exercer dans leur art et leur ôter, par ce moyen, tout prétexte de mendier ;

« 3° D'engager les habitants des différentes communautés à fournir à un dépôt commun la contribution volontaire qu'ils voudront destiner aux aumônes ; à dresser dans chaque paroisse une liste des nécessiteux ; à proportionner les secours aux besoins, d'après la répartition qui sera faite par les sieurs curés ou ministres, assistés du prévot et de trois notables, habitants du lieu. On attend du zèle des pasteurs qu'ils concourront par leurs exhortations à faire adopter à leurs paroissiens le plan charitable qui vient d'être proposé ;

« 4° De faire enjoindre par qui il appartiendra, et ce sur la réquisition de MM. les Procureurs-syndics, aux différents préposés des lieux de recevoir et de se renvoyer réciproquement leurs pauvres qui auront été trouvés mendiants.

« Le Bureau a cru devoir joindre à ces précautions l'invitation aux communautés religieuses de ne plus distribuer d'aumônes à leur porte, mais de les envoyer à la caisse de charité. Elles feront le bien avec plus de sagesse et d'utilité pour les pauvres.

« Il a déjà été entrevu que l'ignorance était une des principales causes de la mendicité. On ne pourrait porter une trop grande attention aux moyens de propager l'instruction par l'établissement et la formation de bonnes écoles ; objet important qui méritera de vous occuper, Messieurs, à votre prochaine réunion. »

Puis il annonçait deux mémoires sur le dépôt d'Ensisheim,

l'un du baron de Klinglin, l'autre de M. Sandherr, et terminait en disant : Le Bureau « a pensé également qu'il est urgent d'adopter provisoirement le règlement proposé par M. le comte de Waldner, pour arrêter les progrès de la mendicité et venir aux secours des pauvres [1]. »

L'Assemblée provinciale crut que la question n'était pas assez mûre pour prendre un parti. Elle chargea donc la Commission intermédiaire de se faire représenter les mémoires envoyés aux Bureaux dont elle devait également prendre les avis, et l'autorisa à présenter ensuite au Gouvernement tel projet de règlement qui lui semblerait bon. Aussi dans le discours de clôture de l'Assemblée provinciale, le Président, augurant de l'avenir, s'écria : « Annoncez à vos familles que les écoles mieux dirigées formeront une génération nouvelle plus éclairée et rétabliront l'empire des mœurs, seule source de la félicité des nations. Les établissements pieux destinés à recevoir le malade ou l'indigent seront, d'après les meilleurs principes, rappelés à leur institution primitive ; et la mendicité, preuve certaine d'une société mal organisée, bannie ! [2] » Il n'en fut rien cependant. La Commission intermédiaire, sans doute, fit faire une enquête sur le dépôt d'Ensisheim dont elle eût vivement désirée la haute surveillance ; mais elle paraît avoir perdu quelque peu de vue la commission dont l'Assemblée provinciale l'avait chargée, de sorte que la question de la suppression de la mendicité, que déjà la déclaration de 1764 et l'ordonnance de 1777 croyaient avoir résolue, demeurait tout entière.

Les districts de Belfort et de Colmar s'en occupèrent en 1788. A Belfort, on attribuait à la transformation du dépôt en maison de force la recrudescence de la mendicité que l'on signalait à la fin du siècle. On supporterait volontiers l'imposition de la mendicité, dit M. Wilhelm, procureur-syndic du district de Belfort, dans son rapport à l'Assemblée complète de 1788, si l'on pouvait se flatter que la mendicité était, non pas extirpée, du moins diminuée ; « mais bien loin de produire cet effet, l'on a la douleur de voir que le nombre des pauvres augmente d'un jour à l'autre dans la plupart des communautés ; on ne les voit pas moins courir de porte en

<hr>

[1] Procès Verbaux, p. 166, séance du 8 décembre.
[2] Procès Verbaux, p. 251, séance du 10 décembre.

porte depuis l'établissement de la maison en Haute-Alsace uniquement destinée à leur servir d'asile. Cette maison a plutôt pris l'air d'une maison de correction que d'un dépôt de pauvres : l'on y reçoit les personnes de mauvaise vie de l'un et l'autre sexe ; et les vrais pauvres, dénués de tout secours, y composent le plus petit nombre, puisqu'ils se multiplient partout ailleurs. » Et il reprochait au Gouvernement de ne pas consacrer l'imposition de la mendicité à la destination pour laquelle elle était levée, puisque Ensisheim n'avait plus de dépôt que le nom. Le comte de Montjoie semblait souhaiter que le Gouvernement fît exécuter avec plus de sévérité les lois sur la mendicité. « Il serait beaucoup plus important, disait-il à la même Assemblée à propos des hôpitaux, il serait beaucoup plus important de travailler à prévenir la misère, qu'à multiplier les asiles aux misérables. Un moyen sûr d'augmenter les revenus des hôpitaux, ce serait de diminuer le nombre des pauvres. Il ne faut pas que les hôpitaux soient des lieux redoutables aux malheureux, mais que le gouvernement soit redoutable aux fainéants. » Le Bureau intermédiaire de Colmar appelle la mendicité « humiliant fléau de la société » ; il parle avec grand éloge d'un mémoire du curé de Roderen, sur les moyens d'arriver à la supprimer (1790), et donne à ce sujet au Directoire du district qui lui succédait, les conseils suivants : « L'oisiveté, qui engendre tous les vices, dit-il, est communément la cause, toujours l'effet de la mendicité » ; on parviendra à proscrire ces deux fléaux, en honorant le travail « et en notant de mépris l'homme fainéant, en prévenant la débauche, en gênant la volonté des contractants du moment qu'elle pourra porter un dérangement notable dans leur fortune, en élevant les enfants de tous les citoyens indistinctement à une vie active et en surveillant principalement les enfants du bas-peuple qui perdent leur jeunesse et les années suivantes par l'habitude de la fainéantise qu'on leur laisse contracter... Toutes les charités publiques ont de grands défauts ; elles ne viennent pas au secours des pauvres nécessiteux ; elles étouffent encore le seul germe qui puisse faire sortir l'homme de sa dégradation : l'envie de fixer sur soi l'estime et l'amitié de ses concitoyens. Du moment que l'on entend supprimer la mendicité, il faut prévenir la misère publique, occuper les personnes capables de travailler, soulager les pauvres malades ou infirmes. Chaque communauté peut entretenir ses mendiants, et si la province fait exécuter des travaux par des communautés qui auront souffert par la grêle, ou un autre malheur, nous verrons bientôt la misère disparaître. Donnez du travail et punissez la paresse! Combien ne se présente-t-il pas de travaux publics pour occuper nos pauvres? L'Ill à redresser, des canaux à creuser, la Blind à excaver, des houillières à exploiter, des tourbières à défoncer, la Fecht à dépierrer et à aligner : voilà des ouvrages nécessaires et dont le travail peut être accordé à des pauvres dans les saisons mortes. »

Ces travaux exécutés en commun par des pauvres avaient reçus le nom d'*ateliers de charité*. La première idée s'en trouve, ce semble, dans la déclaration du 18 juillet 1724 : L'art. 2 accordait en effet à tout mendiant valide, qui n'aurait pas trouvé d'ouvrage dans les quinze jours de la publication de cette déclaration, la faculté de « s'engager aux hôpitaux »; ces engagés étaient divisés en compagnies de vingt hommes, placés sous le commandement d'un sergent qui les conduisait au travail; on devait les occuper « aux ouvrages des ponts et chaussées, ou autres travaux publics », etc. [1]) On aimait à considérer ces ateliers comme un moyen efficace pour combattre la mendicité. En 1789 le Bureau de Colmar voyait « avec terreur » l'approche de l'hiver, puisque l'insurrection, la pénurie du numéraire, la cherté et la rareté des grains, la stérilité de la vigne et d'autres fléaux avaient multiplié la misère. Pour secourir tant de malheureux et empêcher la mendicité, il proposa à la Commission intermédiaire, le 17 octobre 1789, d'abord la création de *bureaux de charité* dans les communautés [2]). puis l'établissement d'*ateliers de charité* pour des travaux publics, aux frais de la province; il priait la Commission, en cas d'insuffisance de fonds, d'autoriser les communautés, et même les fabriques, à avancer les sommes qui seraient jugées nécessaires. Nous avons vu, qu'en 1790, avant de disparaître, le Bureau recommandait encore l'établissement de ces ateliers au Directoire du district. En 1790 également, le

---

[1]) Ord. d'Alsace, I, p. 617.

[2]) C'était dans la pensée du Bureau, à peu près les bureaux de bienfaisance. Institués dans chaque communauté, ils devaient être composés de la municipalité ou du magistrat et du curé, et avaient pour objet de surveiller la jeunesse, d'encourager la fréquentation des écoles, de procurer du travail aux pauvres et des secours aux malades, etc. Le rapport de M. Horrer à l'Assemblée provinciale, on s'en souvient, en avait donné la première idée.

Conseil général du département du Haut Rhin ne trouva pas d'autres moyens que l'établissement d'ateliers de charité, pour « subvenir à la misère excessive qui se fera sentir pendant quelque temps par la suppression d'une grande partie des aumônes qui se distribuaient par les maisons religieuses et chapitres supprimés » [1]. Il croyait du même coup « préparer l'abolition si désirable de la mendicité qui avilit l'homme et le rend onéreux à la société ». Certes on ne peut qu'applaudir aux efforts qui se font pour secourir et relever les malheureux; mais dans le cas qui nous occupe, il faut remarquer que le Conseil général rejetait purement et simplement sur le département une charge qui avait pesé jusqu'alors sur le Clergé tout seul; or, c'eût été, non pas au département, mais à la Nation à la supporter, puisqu'elle avait dépouillé le Clergé de ses biens: *ubi emolumentum, ibi onus.*

Cette charge allait être rendue plus pesante par la suppression de la féodalité, et surtout par la ruine des hôpitaux. En détruisant le lien féodal, on détruisait du même coup et nécessairement la charité des seigneurs, charité réelle, quoique trop souvent nous l'avons vu, elle n'eût d'autre ressort qu'une « petite gloriole » ou « l'intérêt ». De plus les nouvelles lois de finance et la suppression des dîmes et des droits seigneuriaux allaient ruiner les hôpitaux. Ainsi, ce que le temps avait épargné du patrimoine de l'hôpital de la comtesse Jeanne à Belfort, fut anéanti par la Révolution: c'était des dîmes et des tailles dans le finage de Méroux principalement. Les revenus de l'hôpital Sainte-Barbe de la même ville, qui s'élevèrent jusqu'à 10,619 livres en 1753, se réduisirent à 4000 livres, puis à 792, puis à 600 fr. par le fait de la Révolution [2]. Il en fut de même de l'hospice de Colmar: « La Révolution survint, dit le baron de Muller dans son rapport au préfet en 1824; une partie des revenus de l'hospice disparut avec la suppression des dîmes. Plus de la moitié de ses capitaux placés en prêts sur particuliers, suivant l'usage suivi jusqu'à ce jour, furent remboursés en assignats. C'est

---

[1] Il invitait aussi les communautés à faire faire les travaux publics de préférence par les pauvres et les indigents, et il demandait particulièrement aux fabricants de leur faire filer du coton, ce qui passait alors pour un travail facile et rémunérateur.

[2] „Revue d'Alsace", 1852, p. 157—164.

ainsi que s'anéantit la presque totalité de la donation Basque [1]), dont il ne reste que 18 à 20,000 francs aujourd'hui. » [2])

L'auteur de la brochure: *Je vous dirai vos vérités* (1792), estime à 2,000,000 ce que coûtait désormais à la province l'entretien de ses pauvres. Bon gré, mal gré, il n'y eut plus depuis lors que ces « charités publiques et officielles », dont le Bureau de Colmar signalait et déplorait les défauts, défauts aggravés par les passions du moment. Le véritable esprit de charité, s'il n'était pas éteint, avait perdu beaucoup de sa vitalité, en même temps que la pauvreté ou le paupérisme prenait des proportions effrayantes. Anne de Rathsamhausen le marquait depuis Strasbourg en 1798: « Ici il est impossible de satisfaire à l'existence du pauvre; il y en a tant! Leur manière de vivre est si différente, et tout est si cher! Les riches sont si durs, si blasés sur ce que le tableau de telles misères devrait leur inspirer!... Je me reproche le morceau que je mange, le chiffon que j'ai sur la tête; on est accablé de l'impossibilité de de remédier à de si grands maux, que bien des gens n'aperçoivent même pas! » Ses hôtes faisaient la charité: « J'ai vu ce qu'ils font; mais ce sont des gouttes d'eau qui se perdent dans un abime [3]). » Il est difficile de croire que la Haute-Alsace fut une exception.

---

1) Elle était à l'origine de 130,000 liv. au moins, soit au pouvoir actuel de l'argent 318,500 francs. (Études économiques de M. l'abbé Hanauer, p. 607, II.)

2) „L'hospice perdit aussi à cette époque, par le fait de la ville de Colmar, une créance de 73,000 francs qui fut remboursé en 1795 dans la caisse des domaines, en assignats, et dont il n'a jamais rien recouvré." (Ibid.)

3) Lettres, p. 59.

C. H.